お金持ちになった人の 10年投資 をマネしたら、資産が3倍になりました！

横山光昭
家計再生コンサルタント

KADOKAWA

はじめに

こんにちは。家計再生コンサルタントの横山光昭です。

この本を手にとってくださったということは、少しでも「お金」についてご興味がある方だと思います。もっと言えば、「お金を増やしていきたい」方が手にとってくださったのではないでしょうか。

お金って不思議ですよね。なくては暮らしていけない必需品であるにもかかわらず、お金の話はなかなかオープンには語れない。

そこで、お金のことを真剣に考えて、「お金をきちんと増やしたい」方へ、私が家計改善のお手伝いをしてお金を増やすことができた人たちの例をもとにして、具体的な方法をこの本に書きました。

お金を増やすことができた人たちの方法は、うまい儲け話ではなく地に足の着いた現実的な話ばかりです。また、投資について大きくページを割いていますが、ハイリスクハイリターンの話はありません。タイトルにある10年投資という名のとおり、コツコツ積み立てで投資をして、かつ貯金も並走させて資産を3倍に増やしましょう、というご提案をしていきます。

この本をあなたが読み終わるころには、きっと資産を3倍に増やすために10年投資を始めたくなっているはずです！

さぁ、今日から将来に向かって始めていきましょう。

横山光昭

はじめに 2
プロローグ 9
第1章 成功する10年投資とは 17
資産は「貯金＋投資」でつくる 18
超少子高齢化時代は「投資」で将来に備える 23
投資の目的はやっぱり「お金」 28
投資は怖くない。投資が怖い人は怖い投資しか知らない人 32
資産づくりに成功する人の「3つの法則」 36
投資のタイミングは「使う・貯める・増やす」で考えよう 40
投資のリスクは「危険性」ではない 45
「リスクとリターン」で投資商品の特徴をつかむ 48

第2章 上手な10年投資のコツ 55

上手な10年投資のコツ❶ 卵をひとつのカゴに盛らず「分散」させる 56

上手な10年投資のコツ❷ コツコツと「積立」で買う 60

上手な10年投資のコツ❸ 必ず「長期」でやる 65

上手な10年投資のコツ❹ 「複利」の効果で資産を大きく増やす 69

上手な10年投資のコツ❺ 「低コスト」の商品を買う 73

上手な10年投資のコツ❻ 大きなリスクを負わず「着実」を優先する 75

第3章 10年投資のために、まずは「強い家計」を 77

投資をしていい家計、してはいけない家計 78

家計を「消費」「浪費」「投資」の観点で見直す 83

貯金・投資に回すお金は月収の15％ 86
自分は月にいくら消費しているのか 90
家計を改善すれば「投資できる家計」になる 94
固定費の見直しで投資資金をつくる 98

第4章 10年投資には投資信託が最強・最適！

第4章 10年投資には投資信託が最強・最適！ 105
10年投資で資産をつくるには「投資信託」が最適 106
投資信託の仕組みと種類を覚えておこう 116
株は株価、投資信託は「基準価額」 121
投資信託で重要な3つの手数料 125
多くの成功者が投資している「インデックス型投資信託」 129
投資初心者にピッタリの「バランス型投資信託」 135
これまでの株式市場は「下落しても回復」の歴史を繰り返す 140

組み合わせで自分流のアセットアロケーションをつくる 145
理想のアセットアロケーションを組んでみよう 150

第5章 10年投資の強い味方、ネット証券との付き合い方 155

販売会社は取り扱い商品が多いネット証券がおすすめ 156
口座開設はネットで15分でできる 162
投資信託選びでは「パフォーマンス」と「安定性」が重要 171
資金の入金はネットバンキングを活用 176
つみたてNISAは「長期・積立・分散」向き 179
iDeCoは「拠出・運用・受け取り」で税が優遇される 184

おわりに 190

　本書に記載の情報、試算結果は作成時点（2019年3月現在）のものであり、将来の試算結果を示唆・保証するものではありません。投資情報は情勢により変わることがありますので、あらかじめご了承ください。
　投資に関してはご自身の責任において行ってください。その損害については、いかなる場合も弊社は責任を負いません。

編集協力／山本貴也
カバーデザイン／小口翔平＋岩永香穂＋保延みなみ（tobufune）
本文デザイン／國分 陽
カバーイラスト／徳丸ゆう

プロローグ

プロローグ

「老後のお金が不安で仕方ないのですが……」
「貯金がぜんぜん増えなくて困っています……」
「いまのままでは将来の子どもの教育費が用意できそうにありません……」

家計再生コンサルタントとして、私は1万5千人を超える方々の家計に関する相談に乗ってきました。以前からお金の悩みはお聞きしていますが、最近、その切迫度が増してきているように思います。

みなさん、言葉は違っても共通している悩みは「まとまった資産をつくりたい」ということ。

そういう方には、超現実的な資産のつくり方をアドバイスさせていただいています。

その結果の一部をご紹介しましょう。家族の年齢、手取りの月収は資産づくりを始めたときのものです。

Aさん一家

夫
43歳・公務員
月収
手取り32万円

妻
37歳・主婦

子ども
小学2年生
2011年・第2子誕生

125万円
（貯金）
↓
10.7年で
6倍
724万円
（総資産）

Bさん一家

夫
44歳・会社員
月収
手取り45万円

妻
40歳・パート
月収
手取り4万円

子ども
中学3年生
中学1年生

90万円
（貯金）
↓
10.3年で
8倍
729万円
（総資産）

Cさん一家

夫
47歳・会社員
月収
手取り29万円

妻
40歳・個人事業主
月収
手取り18万円

子ども
小学6年生

120万円
（貯金）

↓

10.1年で
9倍

1101万円
（総資産）

Dさん一家

夫
38歳・会社員
月収
手取り32万円

妻
35歳・主婦

子ども
小学2年生、5歳、3歳

230万円
（貯金）

↓

12.5年で
5倍

1097万円
（総資産）

どの家庭でも、ほぼ10年で資産が5倍以上に増えています。これはあくまで典型的な例で、ほかには、

25万円
（貯金）

↓

11.6年で33倍

838万円
（総資産）

という方もいらっしゃいます。ここまでいかなくても、**10年で資産10倍という家庭も珍しくありません。**

こういうと「何か特別なことをして増やしているんだろう」と思われるかもしれませんが、そういうことはありません。お金にウルトラCはない、が私の信条。みなさん、誰でも実践できる方法で資産を増やしています。

ただ、お金を増やしている家には共通してやっていることがあります。

たとえば、貯金と投資を両方活用する。

資産をつくるには、貯金が欠かせません。しっかり貯金する。これが大前提です。しかし、いまは超低金利時代。メガバンクの預金金利は普通預金で0・001％、定期預金でも0・01％ほどしかありません。貯金だけでは、資産を増やす効率が高まりません。

ですからみなさん、貯金と投資の両方をしています。先ほどのAさん一家は毎月貯金3万円、投資1万円、Bさん一家は、毎月貯金3万円、投資2万円で資産づくりを始めました。

投資には、株、FX、仮想通貨などいろいろな手段があります。

先ほどのどの家庭でも共通しているのは、投資信託で投資を行っていること。

資産を大きく増やそうと思えば、株やFXに投資する方法もあります。しかし、こうした株やFXは、資産が大きく増える可能性がある代わりに、資産が大きく減る可能性もある、ハイリスク・ハイリターンの投資です。

資産が大きく減ることがあっては、資産づくりはおぼつきません。ですから、先ほど紹介したどの家庭も、安定した資産形成が期待できる投資信託で投資をしているのです。**資産を大きく増やす手段ではなく、普通の貯金にプラスする「ちょっと効率的な貯金」といったスタンスで投資を考えてもらっています。**

先ほどの例の中で「125万円（貯金）」「724万円（総資産）」という表現をしたのは、資産づくりを始める前は貯金しかしておらず、そのあとは貯金に投資信託の資産が加わったためです。

そして、積立で投資をしているというのも資産づくりに成功している家庭の共通点です。

のちほど第1章で詳しく説明しますが、投資をするとき、一度に大きな資金を投じると大きなリスクがともないます。Aさん一家をはじめ、4家族とも毎月1万円、2万円と積立式で投資信託を購入しています。

ボーナスの一部を投資資金として使うときも一度に入れるのではなく、ボーナス半年分を6等分したひと月分の額で毎月投資信託を購入します。

資産づくりのポイントとなることを部分的にご紹介しましたが、魔法を使っているわけではないことがおわかりいただけたのではないでしょうか。

「自分には資産なんてできっこない」

こんなふうな思い込みを、この本では吹き飛ばしてみたいと思っています。

この本のタイトルには「資産が3倍になりました」としていますが、「10年で資産3倍」は十分現実的。先ほどの例で見たように「10年で資産5倍」も決して夢物語ではありません。

これから、その方法をお話ししていきます。

まとまった資産をもちたい方は、ぜひ最後までお付き合いください。

第1章

成功する10年投資とは

資産は「貯金＋投資」でつくる

みなさんは、10年で資産を3倍にするにはどうしたらいいと思いますか？

株で大儲けする？

不動産投資でひと山当てる？

仮想通貨にチャレンジする？

もちろん、こうしたやり方で資産を築いた人も世の中にはいます。しかし、そのような人たちはごくひと握りです。

私は家計相談を受ける中で、「10年で資産3倍以上」を実現した人を数多く見てきました。しかし、こうした人たちは決して特別なことをしてきたわけではありません。

ですが単純に貯金をしていただけ、というわけではなく、**家計で出せる範囲の「貯金」**

に「投資」を並行して行うことで資産を大きく増やすことに成功しています。

少額の貯金と投資で、本当に資産が増えるのでしょうか。なかなか信じがたいことかもしれませんが、具体的な数字で見るとおわかりいただけると思います。

家計をやりくりして貯金を毎月2万円、3万円としている人も少なくありませんが、無理をせず毎月1万円貯金したとします。金利は、2018年12月現在のメガバンクの普通預金金利0・001％で計算します。

この貯金と一緒に、投資に毎月3000円を回したとしましょう。投資では1年間で4％、5％という比較的高い利回りで運用しているケースも少なくありませんが、ここでは3％の利回りで運用できたと仮定して計算します。インデックス型投資信託など、リスクを抑えて着実な運用を目指す投資商品でも十分に狙うことができる利率です。

さて、毎月1万円の貯金と3000円の投資を積み立てていくと資産はどうなるでしょうか。

1年後には貯金分で12万円貯まることになります。金利0・001％なので、利息は1円のみです。

投資のほうは、投資額の合計が3万6000円で運用益は約600円。貯金分と投資分を合計すると、1年後の資産は15万6601円です。


それが、3年後には貯金分が36万円で、利息が5円。投資額の合計は10万8000円で、年利3％だと運用益は5000円。貯金分と投資分を合計して47万3005円になります。ちょっと資産ができてきました。


さらに、10年経つと貯金分が120万円で、利息が60円。一方、投資額の合計は36万円で、年利3％の運用益が5万9400円ほど。貯金分と投資分を足すと、161万9460円になります。

月々1万円の貯金と3000円の投資を10年続けると、約162万円の資産ができるとすると、ちょっとうれしくありませんか？

毎月1万円の貯金、3000円の投資でこれだけ増える

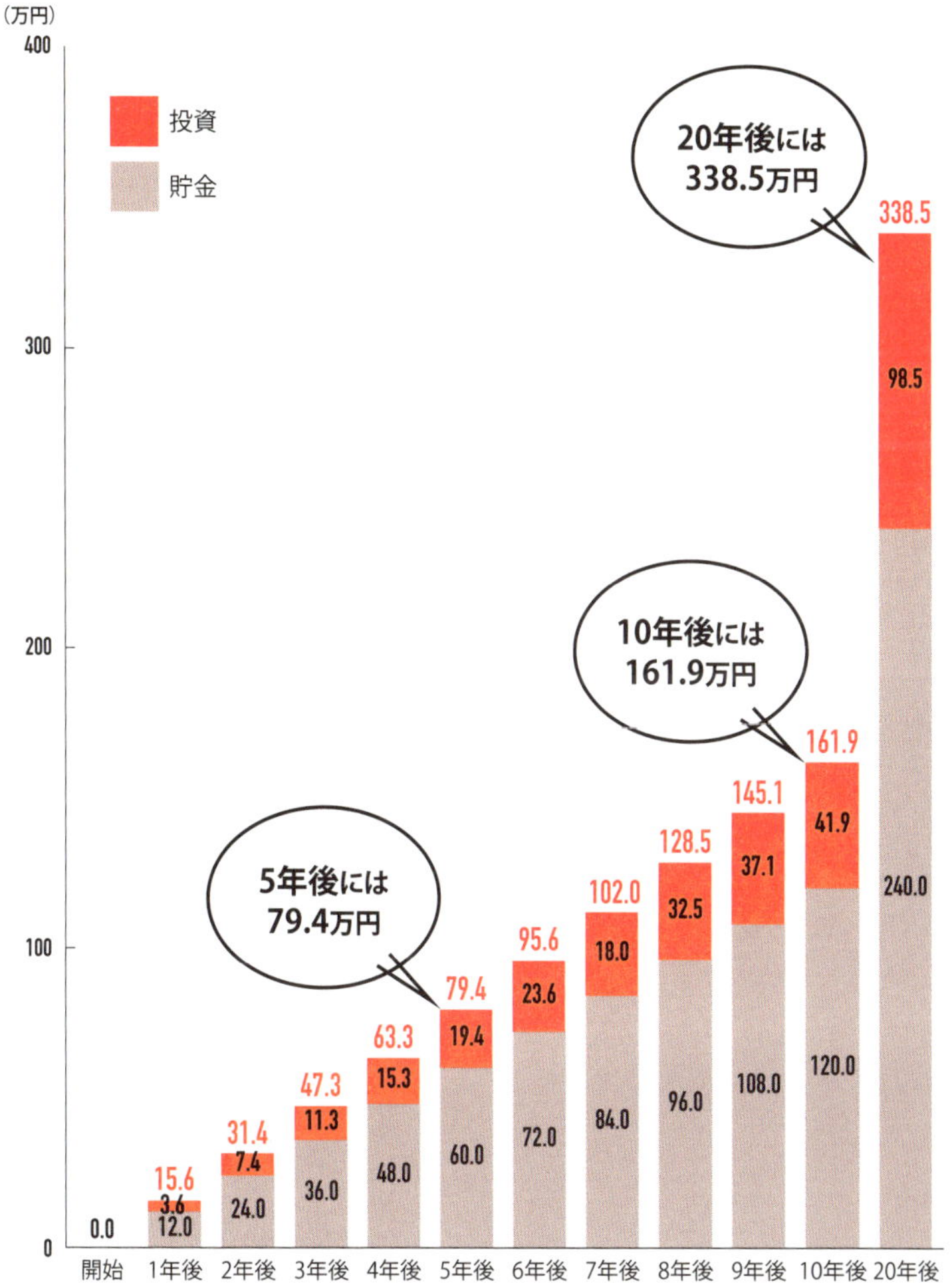

※普通預金金利は年利0.001%、投資利回りは年利3%で計算。

実はすごいのはここからで、同じように貯金と投資を続けると20年後には338万5000円、30年後には534万2500円の資産ができることになります。

毎月1万円の貯金と3000円の投資で計算してきましたが、少し増やして**毎月2万円の貯金と5000円の投資にすると、3年で90万8210円、10年で309万9000円に。結構まとまった資産ができます。これが「貯金＋投資」の力です。**

資産を増やすには、必ずしも大きな金額を貯金したり、投資したりする必要はありません。

少額でもいいので、「貯金＋投資」を長く続けることが資産づくりの最大のコツです。

ポイント

▼家計から出せる範囲の「貯金＋投資」で資産はつくれる。

超少子高齢化時代は「投資」で将来に備える

1970年に310。この数、何だと思いますか？

「億万長者の人数」
「一部上場企業の数」

私がセミナーで参加者の方に質問すると、いろいろな答えが返ってきます。

しかし、どれも不正解。これは100歳以上の人口です。

私は1971年生まれですが、その頃、日本に100歳以上の方はこれくらいしかいませんでした。

それが、年々増え、20年後の1990年には3298人と、約10倍に。そして2010年にはそこからさらに10倍以上になり、4万4449人にまで増えました。

直近の2018年の数字は6万9785人です。超高齢化社会となり10年以上経過していますが、まだまだ高齢化が進んでいます。

この勢いは今後も続き、一説には2050年には100歳以上の方が68万人に上ると推測されています。ちょっとした都市の人口くらい、100歳以上の方がいることになるのです。

長生きできるのは喜ばしいことですが、高齢者が増えるのにともない増えていくのが年金、医療、福祉といった社会保障費です。2018年の社会保障費は121兆円。それが、2040年には190兆円にまで上昇すると試算されています。

高齢者の方が増える一方、少子化で若者の数は減り続けています。日本は少子高齢化ではなく、超少子高齢化の社会になりつつあるといっていいでしょう。

1950年には、65歳以上の高齢者1人を12人の現役世代で支えていました。それが2017年には65歳以上の高齢者1人に対して現役世代2・2人へと急激に減少しています。**今後もこの傾向は続き、2050年には1・3人の現役世代で65歳以上の**

高齢者1人を支えるようになる見込みです。

超少子高齢化で国の支出が大きくなり、「支出＞収入」の状態。個人の負担がこれからも増えていくことはほぼ確実です。また年金の支給開始年齢は引き上げが検討されており、もはや国だけに頼ってはいられません。自分で自分の将来を守らなければいけない時代に入っていると思います。

こうした状況の中では、支出を見直し、収入の中で収まるように家計をやりくりすることが大切です。そして、黒字部分を増やし貯金をするほうがいいことはいうまでもありません。

しかし現在、普通預金の預金金利は0・001％というレベル。定期預金でも0・01％といった設定があたりまえです。これでは、預金していてもお金が増えることは期待できませんし、少しインフレが進めばお金の価値が下がり、実質目減りしてしまいます。

日本では1990年代から長くデフレが続いており、デフレからの脱却が課題になっています。さまざまな対策が検討されているので、今後、インフレになる可能性はおおいにあると思います。

自分で自分の将来を守らなければいけない時代ですが、このような低い金利ですから、預金していてもお金はほとんど増えません。そうであれば、お金を預金金利より高い利回りを目指して運用し、お金に働いてもらうほうが有利です。

もちろん、もっているお金を全部投資に回す必要はありませんし、全部投資に回しなさいというわけでもありません。貯金の中から投資をすると考えても、生活費と生活防衛のためのお金はしっかりもっておくべきです。それ以外のお金を投資に回すのです。

ただ、いまの世の中、そういった蓄えが十分ではない人も多いものです。しかし、貯金が少ないからといって投資を始めないのは、少しもったいないもの。**効率よく生活防衛資金をつくりながら資産を増やしていくことを考えると、「貯金しながら投資もする」ことが必要になってきます。**

人生100年時代。長い老後に備えるためにも貯金と投資、両方を並走させて将来に備えるようにしましょう。

ポイント

- **超少子高齢化で国の支出が増大。自分で自分を支えなければいけない時代に。**
- **「必要な分の貯金＋お金に働いてもらう投資」で将来に備える。**

投資の目的はやっぱり「お金」

何事も、目的をハッキリさせるのが成功のコツ。投資も同じです。「何のために投資するか」を明確にすることが大切です。

しかし、投資に関しては意外と目的がブレやすいところがあります。

たとえば、「株主優待がほしくて株を買っているのですが、株価が下がって困っています」という人。株主優待は日本独自の制度で、各社がバラエティに富んだ優待を揃えています。自社商品の詰め合わせ、オリジナルグッズからお米まで、もらえるとうれしいものばかりです。

しかし、株主優待はあくまで株主に対する各社のサービスです。「企業研究した結果、株主優待が充実している銘柄を買うことになった」ということならいいのですが、「株主優待のために株を買った」ならもはやそれは投資ではなく、株主優待をもらう権利を得るためにあえてお金を払ったといったほうがいいでしょう。

株主優待目的の購入でも、企業の株を購入していることを忘れてはいけません。株価が下がれば、優待の有無にかかわらず自分の資産は目減りするリスクがあることを覚えておいてください。

また、「経済の勉強のために株を買っている」という人もいます。確かに、株を買うと購入後の株価が気になりますから、その会社のニュースだけでなく経済全般に関して興味をもつようになると思います。ネットや新聞の経済欄に目を通す機会も増えるでしょう。

しかし、それは経済を勉強するきっかけをつくったということ。株を買っても資産をつくることを目的とした投資をしているとはいいにくいと思います。

ここで考えている投資は、基本的にお金を増やし、資産形成をはかるために行うものです。この軸はハッキリさせておきましょう。

それでは、何のために資産形成が必要なのでしょうか。

臨時の小遣いがほしいといった短期間でお金を増やす目的の投資もありますが、そういう投資はハイリスク・ハイリターンの投資です。資産を大きく減らす可能性もあるので、これから投資に挑戦する方にはおすすめできません。

この本では前述したように今後必要となる老後の生活を自分自身で支えることも見据え、「10年、20年といった期間を使って将来のための資産をつくる」ことを目的とした投資を考えています。

もちろん、途中でマイホームや教育費の資金も必要になると思います、最終的に老後資金を目標としたいため、あまりリスクは取りたくありません。そうすると、ハイリスク・ハイリターンの投資ではなく、ローリスク・ローリターンの投資が向いています。また、長期にわたって投資をし、複利の効果をねらう投資方法となるので、投資商品は投資信託を積み立てで買う積立投信などが候補になります。

このように、目的を明確にすることでどのような投資をするべきかが見えるようになります。

ポイント

▼投資の目的は、お金を増やすこと。

▼何のために投資をするかを明確にすると、どのような投資をするかが見えてくる。

投資は怖くない。投資が怖い人は怖い投資しか知らない人

私はこれまで1万5千人を超える方々の家計相談に乗ってきましたが、10年で資産を3倍、5倍と増やしている人は必ずといっていいほど投資をうまく活用しています。

そうした方々の中には株の経験者などもいらっしゃいますが、ほとんどが投資の初心者。私が投資をすすめると、最初はたいてい、

「素人にはむずかしそう」

「投資って、なんだか怖いんですけど……」

という反応をされます。

投資にネガティブなイメージをもたれている方は少なくありません。しかし、そうしたイメージはかなり誤解に基づいています。

雑誌などで写真を見た影響でしょうか。たとえば「投資って、モニターをたくさん並べてやるものなんでしょ」という方がいます。

もちろん、机にパソコンのモニターを3つも4つも置き、複数の株価や為替のチャートをチェックしながら投資をしている人もいます。

しかし、そうした人はかなりの例外。投資のプロ、セミプロといってもいいでしょう。普通に投資を楽しむにはパソコンかタブレットが1台、もしくはスマホがひとつあれば十分です。資産を増やしている人も、ほとんどは家のパソコンかスマホで投資をしています。

「大金を投じるから、手が出せません」というのも投資に関してよくある誤解です。大きな資金が要るのは、なんといっても一軒家やマンションといった現物の不動産を購入する不動産投資。数千万円、億単位のお金を投資して、利益を目指します。

株でも、取引単位である単元株が100万円以上になっている銘柄がたくさんあります。こうした株、現物の不動産などで投資をするにはまとまったお金が必要です。

しかし、いまは少額から投資できる商品がたくさん出ています。証券会社によっては金を積み立てで買う純金積立は毎月1000円から、投資信託の積み立ては毎月100円からできてしまいます。**投資には、必ずしも大きなお金は必要ありません。貯金を取り崩したりすることなく、月々数千円、数万円といった家計から出せる範囲の投資でも十分、資産づくりに役立てることができます。**

また、「投資は毎日勝ち負けを繰り返して大変そう」という声もよく聞きます。

1日の間で売買を繰り返すいわゆるデイトレードをやっている人は、確かに毎日勝ち負けを繰り返して一喜一憂の日々を送っています。モニターをいくつも並べて投資をしている人も、たいていこうしたデイトレーダーです。

しかし、普通の人はこのような投資はなかなかできませんし、する必要もありません。私が資産づくりのためにおすすめしているのは長期で行う投資。基本的には一度買ったらほうっておき、長い期間をかけてお金を育てることを目指します。毎日勝ち負けを繰り返すことはありません。

投資についてネガティブなイメージをもっている方は、大金を動かしたり、短い期間で頻繁に売買するなど、投資のごく一部分しか見ずに「怖い」「自分にはできない」と思い込んでいるのではないでしょうか。

投資には大きな資金を投じるものから少額でできるものまで多くの種類がありますし、短期・長期といったさまざまなスタイルで行うことができます。リスクの取り方も、自分で選ぶことができるのです。

無理をせず自分に合ったものを選べば、投資は怖いものでもむずかしいものでもありません。みなさんもぜひ、投資を資産形成に役立ててみてください。

ポイント

- **「いくつものモニターでチェック」「大きな資金が必要」「毎日勝ち負けを繰り返す」は長期投資に関する誤解。**
- **さまざまな投資の中から自分に合ったものを選ぶことが大切。**

資産づくりに成功する人の「3つの法則」

資産を大きく増やしている人たちを見ていると、そこには共通した法則のようなものがあることに気づきます。

まず挙げられるのが、「家計が強い」こと。家計が強いというのは、安定して毎月の家計がプラスになっていることが前提となります。

貯金を取り崩していては、長期で投資を続けることができません。貯金に触れることなく投資することが、長く続けるための条件になるのです。

資産を大きく増やしている人たちは、必ずといっていいほど毎月、家計の範囲内で投資をしています。いいかえると、家計がマイナスになるような額の投資はしていいません。家計がプラスに収まるように、3000円、5000円といった小さな額で投資をしています。そして、家計に余裕が出てきたら1万円、2万円というように投資額を増やしています。

ときどき、大事に貯めてきた貯金を切り崩して投資を行っている人がいます。200万円ある貯金から100万円下ろし、株を買うようなパターンです。こうした投資は一時的にお金を増やすことができる場合もあるかもしれませんが、その投資が失敗したらそれで終わり。資産をじっくりつくるためにはおすすめしません。

また、投資する対象を決めたらブレないというのも共通しています。

よく、ちょっと成果が見えなかったら株、FXなどいろいろな投資に手を出す人がいます。このようにコロコロ変えていったほうが、投資している気分になるのかもしれませんが、うまくいった例はまず見ません。

資産をつくっている人は、長期にわたって上がると思うものを見つけたら、それに投資し続けます。

そして、資産を大きく増やしている人たちは頻繁に売買しません。基本的に買ったままでほったらかしです。

株でも投資信託でもＦＸでも、常に価格は変動しています。価格が下がったら買って、価格が上がったら売る。理論上は、これを繰り返せば利益を積み重ねることができます。

しかし、実際はそううまくはいかないものです。価格の動きは、プロでも予測がむずかしい世界。一般の投資家が当てるのは容易ではありません。

短期で売買を繰り返さなくても、長期的に価格が上がれば利益を出すことができます。投資対象を見定めて買ったら、そのままほうっておく。怠けているように見えますが、実はこれが一番です。

ほったらかしですから、仕事が忙しい人でも十分に投資は可能です。積立投信など積み立て式の投資商品は、毎月引き落としの設定をしておけば買う手間も要りません。

実際、資産形成に成功している人の多くは、こうした積み立て式の投資商品で投資をしています。

家計が強い、ブレない、ある程度のほったらかし。この3つを覚えておいてください。

ポイント

- **投資は、毎月の家計の範囲内で行う。**
- **一度買ったら動かさずほったらかしが、資産形成に成功している人の投資術。**

投資のタイミングは「使う・貯める・増やす」で考えよう

「投資はいつから始めたらいいんですか?」

家計相談を受けているとき、よくされる質問です。

投資は、早く始めるに越したことはありません。早く始めれば始めるほど、大きな資産をつくりやすくなります。

しかし、あせって始めるのは禁物。きちんと準備してから始めましょう。

投資を始めるタイミングは、「使う」「貯める」「増やす」という3つのステップで考えるとわかりやすいと思います。**まず「使う」お金を確保し、「貯める」べき額を貯め、それが終わったら投資で「増やす」に進みます。**

「使う」は、普段の生活で必要なお金です。**目安は、月の生活費の1・5カ月分**。この生活費は月収と同じ額であることも多いため、月収で考えてもいいでしょう。生活していると、冠婚葬祭などイレギュラーでお金がかかってくることがあります。こうしたイレギュラーの出費のために0・5カ月分を見ておき、通常の生活費と合わせて1・5カ月分を「使う」のお金として確保します。

生活費が30万円の人なら、45万円がこのお金。

ただ、この45万円はイレギュラーの出費を含んでの数字です。あくまで生活費は30万円で抑えるようにやりくりし、臨時の出費が必要になったときはバッファとして取ってある15万円から出すようにします。

「使う」が確保できたら、次は「貯める」です。これは、万一のときのための生活防衛資金。病気やケガで働けなくなったときなどに備えます。**目安は、生活費の6カ月分です**。

また、向こう3年、5年くらいのスパンで使うことが決まっているお金があれば、それも生活費の6カ月分とは別に貯めておきましょう。たとえば子どもの入学金、車の購入資金、マイホームの頭金などです。

この「使う」と「貯める」をひとつの口座で管理していると、生活費がいくらあって、生活防衛資金としていくら貯めているのかがわからなくなります。たとえば、220万円が口座に入っていても、生活費がいくらで生活防衛資金がいくらなのかがわからないのです。

そこで「使う」用と「貯める」用、ふたつの口座を用意することをおすすめします。たとえば給料の振込は「使う」用口座に入れ、生活費1・5カ月分が入っているようにした上で、貯金に回せる分を「貯める」用口座に入れる形です。

このように住み分けをきちんとしておくと、生活費がいくらあって、生活防衛資金がいくらあるのかが明確になります。生活費を使いすぎたようなときも、一目瞭然です。

「使う」と「貯める」、合わせて生活費の7・5カ月分（プラス子どもの入学金など近い将来使う資金）が貯まったら、「増やす」で投資のステップに移りましょう。生活費が30万円の人なら225万円の貯金が目安です。

もちろん貯金は多いほうがいいですし、安心なのはわかります。しかし「貯める」にこだわるあまり、いつまで経っても「増やす」にいかないのはもったいないと思います。

たとえば、まだ子どもが小さいのに将来の大学の学費などまで貯めようとすると、かなりの金額が必要になります。貯金しても金利はわずかですから、要るかどうかわからないお金は「貯める」に置かず、「増やす」に回して運用したほうが資産形成には有利です。必要になったときには、そこから出せばいいのです。

私は社会人と大学生から小学生までの6人の子どもがいますが、すでに大学に通っている子の分は除いて、大学の入学金や学費等は特に用意していません。「貯める」には最低限のお金しか置かず、どんどん「増やす」にお金を送るようにしています。お金に「学費」などと色をつけて取っておくのではなく、無色透明のまま投資に回しているのです。

「使う」「貯める」「増やす」の3つのステップで、自分がいま、どこにいるかをチェックしてみてください。

「使う」で生活費の1・5カ月分。「貯める」で生活費の6カ月分。それが貯まったら、「増やす」のステップに移って投資を始めるときです。

ポイント

- **「使う」「貯める」「増やす」の順番で考える。**
- **「使う」「貯める」で生活費の7・5カ月分貯めたら投資のタイミング。**
- **使う予定のないお金は「貯める」に置かず、「増やす」に回す。**

投資のリスクは「危険性」ではない

みなさんは、リスクとリターンという言葉を聞いたことがあると思います。このリスクとリターンは、投資において大切な考え方なのでポイントを押さえておきましょう。

よくリスクのことを「危険性」だと思っている人がいますが、これは誤解。**リスクというのは結果の不確実性のこと。投資の世界では、価格などが変動する幅のことを指します。一方、リターンは投資の結果得られる利益です。**

投資商品の特徴を表すとき、ハイリスク・ハイリターンという言い方をすることがあります。価格の変動幅が大きいので損失が出る可能性も高くなりますが、大きな利益が出ることもあるのがハイリスク・ハイリターンの商品です。
逆に、ローリスク・ローリターンのものもあります。価格が大きく変動しないため損失が出る可能性は低いですが、得られる利益も小さいのがローリスク・ローリターンの商品です。

覚えておいてほしいのが、リスクとリターンは表裏一体の関係であるということ。リスクが大きくてリターンが小さいということはありませんし、リスクが小さくてリターンが大きいということもありません。リスクが大きければリターンも大きくなり、リスクが小さければリターンも小さくなるという傾向があるのです。

私のところに相談に来られる方の中にも「お金を効率的に増やしたいので投資には興味ありますが、1円も損したくないのです」という人がいます。リターンも取れて、リスクがないものがあればぜひ私も投資したいですが（笑）、残念ながらそのような投資商品はありません。

リスクとリターンはセット。リスクを取らずしてリターンを得ることはできません。ただ、リスクを抑えることはできます。投資をするのであれば、**自分に合ったリスクとリターンの関係を正しく理解し、自身の目的に合った投資商品を選びましょう。**

ポイント

- ▼**リスクは価格などの変動幅、リターンは投資の結果得られる利益。**
- ▼**ハイリスクならハイリターン、ローリスクならローリターン。リスクとリターンは基本同じになる。**

「リスクとリターン」で投資商品の特徴をつかむ

リスクとリターンについて、具体的な投資商品に当てはめて見てみましょう。

変動幅が大きいため大きく損をすることもある反面、大きなリターンが得られる可能性もあるハイリスク・ハイリターンの投資には、たとえばＦＸがあります。

ＦＸは、外国為替（外国のお金）を売買して利益を出す投資。外国為替の動きは予測がむずかしい上、ＦＸはレバレッジといって自分が入れたお金より大きな資金で取引を行う特徴があります。このレバレッジは、現在最大25倍。25倍のレバレッジをかけると、10万円の資金でも２５０万円分の取引ができてしまいます。

10万円分の外国為替が５％動いても５０００円の上下で済みますが、２５０万円分が５％動くと12万５０００円の幅で上下することに。こうしたことがあるため、ＦＸでは証拠金として一定額の資金を預けてから行う仕組みになっています。短期間で大きな利益が出ることがある代わりに、１日、２日といった間に大きな損失になる可能性もあるＦＸは、まさにハイリスク・ハイリターンの投資です。

あまりなじみがないかもしれませんが、原油や大豆といった商品（コモディティ）に投資する商品先物取引も、ＦＸと同じようにレバレッジをかけて取引を行います。ハイリスク・ハイリターンの投資といっていいでしょう。

戸建てやマンションなどの不動産を購入する不動産投資は、大きな資金を必要とします。やはりハイリスク・ハイリターンの投資の仲間。仮想通貨も値動きが非常に激しいため、ハイリスク・ハイリターンです。

貴金属会社の広告などで、金を積立で買う「純金積立」やプラチナを積立で買う「プラチナ積立」のことを聞いたことがある方もいらっしゃるでしょう。金やプラチナは商品先物取引でも扱っていますが、貴金属会社などで現物を購入することもできます。
こちらはレバレッジをかけずに、資金の分をそのまま購入します。手数料はかかりますが、1万円の資金なら1万円分の金を買い、買ったときと売るときの価格差が利益（損益）になります。

レバレッジをかけないため、金・プラチナの現物購入は商品先物取引での取引よりリスクは少なくなります。
また、金・プラチナも価格が上下しますが、現物としての価値があるため価格がゼロになることはありません。常識的に考えて、金やプラチナがタダになるという事態は考えられませんよね。実際、有史以来、金やプラチナは常に貴重な資産として考えられてきました。

ただ、金もプラチナも市場で取引されているため、常に価格は上下しています。価値がなくなることはありませんが、価格が下がる可能性はあります。ハイリスク・ハイリターンまではいかない、ミドルリスク・ミドルリターンくらいの投資といっていいでしょう。

一方、ローリスク・ローリターンの代表は債券です。債券は、国や自治体、企業などがお金を調達するために発行する有価証券のこと。国が発行する債券を国債、自治体が発行するものを地方債、企業が発行するものを社債といいます。

債券はお金を返す期限が決まっており、発行元が破綻などしない限り、満期までもっていれば利子と元本がそのまま戻ってきます。債券の利率は発行元の信用度を目安に決められ、特に日本が発行する国債は、信頼性が高くリスクが低い債券として知られています。

債券はその他の投資商品に比べて値動きがゆるやかなので、大きなリターンは見込めませんがローリスク・ローリターンです。

投資というと株を思い浮かべる人も多いと思いますが、株式投資はどうでしょう。

現在、日本の証券取引所には合計で３６００を超える企業が上場しています。銘柄によってリスクとリターンも異なり、なかなか一概にはいえません。

値動きの大きい小型株は明らかにハイリスク・ハイリターンですが、株価が比較的安定した大型株はそれよりもリスクとリターンが少なくなります。

ただ、どんな銘柄でも不祥事などがあると一気に株価が下がりますし、海外企業との大きなアライアンスが成立したり、画期的な商品が開発されたときなどには業績上昇の期待から大きく株価を上げることもあります。株も基本的にハイリスク・ハイリターンの投資といっていいと思います。

投資信託は、多くの投資家から資金を募り、集めた資金を運用の専門家が株や債券などに投資し、出た利益を投資家に分配する投資商品です。

投資信託は種類が非常に多く、株だけで運用するものもあれば、債券だけで運用する投資信託もあります。国内外の株や債券など投資先を複数組み合わせたバランス型と呼ばれる投資信託や、不動産に投資するＲＥＩＴ（リート）も聞いたことがあるのではないでしょうか。投資信託は、投資先や運用方針の違いにより、リスクとリターンの大きさはさまざまです。

投資にはＦＸ、債券、株、投資信託などさまざまな商品があり、最初はどのように考えたらいいのか混乱するかもしれません。しかし、リスクとリターンという観点で整理すると、特徴がわかりやすくなるはずです。

ポイント

- **ハイリスク・ハイリターンの代表はＦＸ、仮想通貨、不動産投資など。ローリスク・ローリターンの代表は債券。**
- **投資信託は、ローリスク・ローリターンから比較的ハイリスク・ハイリターンのものまで揃っている。**

第2章

上手な10年投資のコツ

上手な10年投資のコツ❶
卵をひとつのカゴに盛らず「分散」させる

10年投資で資産づくりに成功している人が守っているルール。そのひとつが「分散」です。

投資先をひとつの金融商品、あるいは値動きが似ている商品に集中して投資するのではなく、投資先を複数持ち、一部の運用がうまくいかないときでもほかの部分でカバーできるようにリスクを分散させるのです。

株式投資で考えてみましょう。

企業業績や株価指標などを調べた結果、「今後株価が上がりそうだ」と思える銘柄が見つかり、株を買ったとします。

その銘柄の株価が予測通りに上がれば、いうことはありません。しかし、株価はこちらの予測通りに動くとは限りません。さまざまな状況を見て「絶対に上がるだろう」と思っていても、意に反して下がっていくことはよくあります。

そんなとき、その銘柄にしか投資していないと資産はみるみるうちに減っていくことになります。

たとえば50万円の投資資金があり、その50万円でA社の株を購入したとしましょう。購入したときは順調に思えた株価があるときを境に落ち始め、数カ月後には50万円で購入した株が25万円に。すると、25万円の損失です。

このようにひとつの銘柄に集中して資金を投資すると、大きな損失を出すリスクを高めてしまいます。「狙った銘柄の株価が上がればいいが、下がったらそれまで」という投資は、どうしても賭けの意味合いを帯びてきます。資産づくりには向きません。

同じ50万円を、20万円でA社、20万円でB社、10万円でC社という3つの銘柄に分散して投資するとどうなるでしょうか。

A社の株価が下がったとしても、B社、C社の株価がそのままなら損失は少なくて済みます。逆にB社、C社の株価が上がったら、A社の下落分を補えることになります。

もちろん、A社、B社、C社の株価が一斉に下がることもありえないわけではありません。しかし、ひとつの銘柄の株価が下がる確率よりは確実に可能性が低いはずです。

このように複数の投資対象に資産を分散させることで、資産全体の価格変動のリスクを抑えることができます。

着実に資産をつくるには、この「リスクを抑える」という考え方が大切。私が見ている中でも、資産づくりに成功している人は大きなリスクを取って大きなリターンを狙うのではなく、リスクを抑えながら着実に資産を増やしています。

いまはわかりやすく3社への分散でお話ししましたが、5社、10社と多く分散させればその分、リスクを抑えることができます。

このように投資先を分散させることの重要性を説いた「ひとつのカゴに卵を盛らない」という、米国の投資格言が有名です。

卵をひとつのカゴに盛っていると、転んだときにすべての卵がダメージを負ってしまいます。しかし卵をいくつかのカゴに入れておけば、ひとつのカゴに何かあったときにもほかのカゴの卵には影響がありません。

おわかりのように、卵は投資資金、カゴは投資先のたとえです。**いろんな投資先に投資資金を入れて、すべての資金がダメになることを防ぐ。こうした慎重さが、資産づくりには必要です。**

ポイント

- **ひとつの投資先に資金を投じ、リスクを集中させない。**
- **投資先を分散させ、リスクを減らすことが資産づくりには大切。**

上手な10年投資のコツ②

コツコツと「積立」で買う

一度に大金を注ぎ込んで、大きく増やしている。

投資で成功している人に対して、みなさんはこんなイメージをもっているかもしれません。

もちろん、中にはそのような人もいます。株を100万円分買ったら、3年後に300万円になった。5000万円の現物の不動産を買ったら、5年後に6000万円になって1000万円の利益が出た。こういう人もいないわけではありません。

しかし、そうした人の多くは投資に多くの時間を費やしているプロかセミプロ、もしくは買った株や不動産が運よく上がったパターンです。資産づくりに成功したというより、投機的にお金を増やすことに成功したといったほうがいいでしょう。

10年で3倍といったように着実に資産をつくるには、そのような投機的な投資は必要ありません。5000円なら5000円、1万円なら1万円と毎月コツコツ、一定額を積み立てていく投資が10年投資には最適です。

このように、定期的に決まった額を投資するやり方をドルコスト平均法といいます。実はこのドルコスト平均法、とても効率的な投資の方法です。ポイントは、毎月同じ額で投資し続けることにあります。

ドルコスト平均法というとむずかしく感じるかもしれませんので、わかりやすい例で説明しましょう。

1個100円のリンゴがあったとします。毎月100円ずつ出してこのリンゴを買った場合、1年間で12個のリンゴが買えることになります。

ある月、このリンゴが50円に値下がりしたとしましょう。その月はいつもと同じように100円出して、リンゴを2個買うことができます。翌月から100円に戻ったとしても、1年で買えるリンゴは13個。1年で出したお金は1200円ですから、1個あたりの平均単価は、

1200円÷13個≒92円
となります。
もし、このリンゴを毎月100円ではなく、毎月1個ずつ買うことにしていたとしましょう。すると、1個50円になった月があるので出したお金は1年で1150円。買ったリンゴは毎月1個で12個ですから、1個あたりの平均単価は、
1150円÷12個≒96円
となります。

逆のケースを考えてみましょう。
ある月、このリンゴが200円に値上がりしたとします。毎月100円分ずつ買うようにしていたら、その月はリンゴを0・5個しか買うことができません。翌月から100円に戻ったとして、1年で買えるリンゴは11・5個。1年で出したお金は1200円で変わりませんから、1個あたりの平均単価は、
1200円÷11・5個≒104円
となります。

このリンゴも毎月100円ではなく、毎月1個ずつ買うことにしていたとしましょう。すると、1個200円になった月があるので出したお金は1年で1300円。買ったリンゴは毎月1個で12個ですから、1個あたりの平均単価は、

1300円÷12個≒108円

です。

このように、同じ金額で買い続けると、値段が下がったときには割安な値段で多く買い、逆に値段が上がったときには買いびかえが自動的にできます。その結果、平均単価を安く抑えることができるのです。

投資で利益を得るには「安く買って、高く売る」ことが基本です。平均単価を安く抑えることができれば、その分大きな利益を得ることができます。

もちろん、価格の上下を予測し、それに合わせて投資する方法もあります。予測が当たるなら、この方法は大きな利益を得ることができます。

しかし、投資商品が何であっても価格の予測はむずかしいもの。株でもFXでも、プロが予測をはずすことはよくあります。一般の投資家が予測を当てるのは容易では

ありません。1回当たったとしても、それを続けるのは至難の業です。
先ほど投資対象を分散させる話をしましたが、ドルコスト平均法はいってみれば時間の分散。大金を1回、あるいは数回程度に分けて投資すると、どうしても高値づかみのリスクが高くなります。**投資する時間を分散させることで、そのリスクを抑えるわけです。**

予測による投資には、ギャンブル的な側面がどうしても出てきてしまいます。そうではなく、**積立式で毎月決まった額を投資し、ドルコスト平均法の効果を得る。それが、着実に資産をつくるための近道です。**

ポイント

- ▼**毎月決まった額を投資する「ドルコスト平均法」で購入平均単価を下げる。**
- ▼**資産づくりのためには予測に頼った投資は禁物。**

上手な10年投資のコツ❸
必ず「長期」でやる

投資は、期間によって「短期投資」「中期投資」「長期投資」に分けることができます。決まった定義はなく、説明する人によっても期間が異なるのですが、短期投資は数分や数時間といった間に売買を行うデイトレードや2日、3日といった短期間での取引、中期投資は数週間から数カ月の間での取引、長期投資は年単位での投資とイメージしてください。

この中で、資産づくりに適しているのはどの投資だと思いますか？

10年で3倍というように資産を増やしている人が活用しているのは、長期投資です。

もしかしたら、あなたは友人や知人から短期投資や中期投資でお金を増やしたという話を聞いたことがあるかもしれません。しかし、短期や中期での投資は買いどき、売りどきを見極める経験値、利益を見込める商品を選定する目利き力が必要になり、難易度が高い投資です。

また、ある程度の投資資金が必要ですので、賭けに近い部分が出てきます。

短期投資は、この傾向が顕著です。

株にしてもＦＸにしても、秒刻みで大量の取引が行われています。短時間でどのように価格が動くかを予測するのは、非常にむずかしいものがあります。

短期投資は、基本的にプロが勝つ世界といっていいでしょう。圧倒的な情報収集力をもち、瞬時に大きな資金を動かせる機関投資家に一般の個人投資家が太刀打ちできないのは当然です。

独自の理論でチャートを分析し、デイトレードで利益をあげている個人投資家も中にはいます。しかしそのような理論を打ち立てた上、ずっとチャートに張り付いて売買できるような人でないと利益を出すのはむずかしいと思います。

私の知り合いにもＦＸで数千万円の利益を出した人がいますが、彼は会食中にもあたりまえのようにスマホを取り出し、取引をしていました。それくらいやらないと成功しない世界なのです。

むずかしいのは、中期投資も同じです。

どのような投資対象も、常に価格が上下しています。長期的に見たら上がり続けているものでも、中期的に見るとこまかな価格の上下を繰り返しています。

たとえば、株の銘柄には5年で株価が3倍、5倍になるようなものもありますが、こうした銘柄のチャートを見てもずっと株価が上がり続けているわけではなく、中期的に下がっている局面が必ずあります。

株価は、基本的には企業の業績を反映します。今後業績が上がるという期待が大きければ株価は上がりやすくなりますし、業績が下がっていくという予測が強ければ株価は下がりやすくなります。

しかし、株価は業績だけで決まるものではありません。業績が上がり続けている銘柄であっても、相場全体が下がったり、機関投資家が利益を確定するために保有している株を大量に売ったりしたときなどには株価が下がります。こうした動きは予測が非常にむずかしく、個人投資家は翻弄されることになります。

このような事情は株に限ったことではなく、FXや金などでも中期的に予測不能な動きをすることがよくあります。やはり、賭けの要素が強くなってしまうのです。

予測がむずかしい短期的、中期的な価格の動きで利益を出そうとするのではなく、将来にわたって上昇すると思われる対象に長期でじっくり投資する。これが、資産づくりが上手な人のやり方です。

ポイント

- **短期投資、中期投資は価格の予測が困難。**
- **資産形成には長期投資が最適。**

上手な10年投資のコツ❹

「複利」の効果で資産を大きく増やす

投資は長期がいい理由。それには、複利の効果もあります。複利は、あのアインシュタインも「人類最大の発明」といったほど効果のすぐれたもの。これを利用しない手はありません。

複利は、利息を計算する方法のひとつで、元本と利息を足した合計額を次の期間の元本として利息を計算します。言葉で説明するとむずかしく感じるかもしれませんので、数字で見てみましょう。

たとえば、30万円の元本に年利5％がつくとします。1年目の利息は、

30万円×5％＝1万5０００円

です。

複利では、この利息が2年目以降どんどん膨らんでいきます。
2年目の利息（30万円＋1万5000円）×5％＝1万5750円
3年目の利息（31万5000円＋1万5750円）×5％＝1万6537円
です。

3年目の満期日には、最初に30万円だった元本が、30万円＋1万5000円＋1万5750円＋1万6537円＝34万7287円に増えることになります。

複利は、当初の元本に利息を足した額が次の期間の元本になります。そのため、雪だるま式に額が増えていきます。
同じように年利5％で運用していった場合、10年後には最初の30万円が48万8666円と約1・6倍に。14年後には59万3979円と、約2倍にまで増えていきます。

実は、複利には72を利率で割れば元金が2倍になる年数がおおよそわかるという「72の法則」があります。

いま、年利５％の場合を見てきましたが、
72÷５％＝14・４年
でほぼピッタリ。
年利６％の場合は
72÷６％＝12年
となり、実際の計算でも12年後に30万円が60万３６５９円とほぼ2倍になる結果です。

複利では、年を追うごとに利息の増え方が大きくなります。年利５％で運用すれば30万円が10年後に48万８６６８円、約１・６倍になるので大きく増えた感じがしますよね。

さらに運用を続けると、20年後には96万２１４１円と約３・2倍にまで膨らみます。最初の10年間で増えた額は、約18万円。それが、次の10年間では約47万円も増えるのです。

複利の効果は、長ければ長いほど大きくなります。早めに投資を始めて15年、20年と長期で運用すると、資産づくりの楽しみがより大きくなります。**もちろん、5年、10年といった期間でも資産をつくることは十分可能です。**プロローグで紹介したように、**10年の運用で資産を5倍以上に増やしている方もたくさんいます。**

ポイント

- **複利は、元本と利息を足した合計額が次の期間の元本になる。**
- **複利は、年を追うほど増え方が大きくなる。15年、20年と長期で運用すると非常に有利。**

上手な10年投資のコツ⑤

「低コスト」の商品を買う

長期投資をするにあたって、見落としてはいけないのが「コスト」です。

投資商品を購入・保有・売却するときには、銀行や証券会社に支払う手数料が発生します。

どんなに運用がうまくいって利益が出ていたとしても、このコスト分はマイナスになります。コストをできるだけ低く抑えることが「10年投資」といった長期投資には重要です。

どんな金融機関であれ、株式を売買するときに取引手数料がかかりますが、これらの手数料は金融機関により異なります。窓口のある証券会社は一般的に手数料が高いので、手数料が安いネット証券がおすすめです。

投資信託の場合、コストは購入時手数料、また商品を保有している間ずっとかかる手数料（信託報酬）と売却時にかかる手数料（信託財産留保額）の3種類です。これらのコストは同じ投資信託でも金融機関によって、違うことがありますから買う前にしっかりチェックしましょう。

もし100万円で金融商品を購入したとします。5％の手数料がかかる商品だと、95万円の資金からの運用開始となってしまいます。3％の運用益が出たと仮定しても2年間は手数料分で相殺されてしまい利益にはなりません。

これほど、コストは重要になってきますので、「10年投資」を始める際には、ぜひ「低コスト」の商品を購入することを心がけてください。

ポイント

- **長期投資は、その間かかるコストをいかに抑えるかがポイント。**
- **購入したときだけでなく、保有中や売却時の手数料についても確認をしておく。**

上手な10年投資のコツ⑥

大きなリスクを負わず「着実」を優先する

先ほどリスクとリターンの話をしましたが、「将来のための資産を」と思っても、リスクの高い投資をして失敗して資産を失っては元も子もありません。

10年投資で資産をつくるには、大きなリターンを狙わない代わりに大きなリスクを負わず、着実に資産を増やしていくことが大切です。

分散投資をするのも、さまざまな対象に分けて投資するとリスクが小さくなるから。積立で投資するのが大切なのも、時間を分散させて資金を入れるとリスクが小さくなるから。長期でやるのも、短期の価格変動に左右されずにリスクが小さくなるからです。

そして、投資商品を選ぶときにもハイリスク・ハイリターンのものを避け、大きなリスクを負わないようにします。

FX、仮想通貨、株式投資などはハイリスク・ハイリターンの投資商品の部類に入ります。将来のための資産づくりには、こうしたものは適していません。

もちろん、こうした投資を「やるな」とはいいません。投資はやってみなければわかりません。興味をもっているなら、一度やってみるのもいいと思います。

しかし、それは資産づくりとは別。ハイリスク・ハイリターンではない投資で資産を増やしながら、資金に余裕があったらやるくらいのスタンスで考えましょう。

私は株もFXも仮想通貨もひと通り経験していますが、それは仕事の勉強のため。長期の積立投資で、自分の将来に備えています。

ポイント

▼**将来のための資産づくりには、ハイリスク・ハイリターンの投資は避ける。**

第3章

10年投資のために、まずは「強い家計」を

投資をしていい家計、してはいけない家計

家計には、投資をしていい家計と、投資をしてはいけない家計があります。

次のページの2つの家計簿を見てください。夫と妻、子ども2人という同じような家族構成で、月収も貯蓄も同じくらい。Aさん一家とBさん一家、どちらが投資をしていい家計でしょうか？

Aさんの家計は7万3000円のプラス。一方、Bさんは1万6000円のマイナス。いうまでもなく、投資をしていいのはAさん一家です。

10年投資で成功している人は、10年、20年といった長期にわたって投資を行うことで資産をつくっています。ですから、まず長期で投資ができる環境にあることが大切

投資をしていい家計、してはいけない家計

	Aさん一家		Bさん一家	
	●夫38歳、妻38歳 ●子ども2人 （長女6歳、長男3歳） ●貯蓄500万円 （住宅購入時に頭金拠出）		●夫39歳、妻37歳 ●子ども2人 （長女7歳、次女4歳） ●貯蓄500万円 （独身時代からの貯蓄、親からのお祝いなど）	
収入（夫給料）	400,000		400,000	
収入（妻給料）				
収入合計	400,000		400,000	
住居費	98,000	持ち家	96,000	賃貸
食費	64,000		78,000	
水道光熱費	23,000		26,000	
通信費 （携帯電話、ネット代）	10,000	親とWi-Fiのみ	27,000	親、キッズ携帯、Wi-Fi
生命保険料	22,000		28,000	
自動車関連（ガソリン代）	5,000	カーシェア	13,000	基本車移動
生活日用品	6,000		14,000	100均、雑貨系多い
医療費	3,000		3,000	
教育費	20,000	幼稚園、給食費	55,000	幼稚園、給食費、習いごと
交通費	5,000		2,000	
被服費 （クリーニング代含む）	5,000		8,000	
交際費	3,000		7,000	
娯楽費	8,000		15,000	
小遣い	50,000	夫3万円、妻2万円	30,000	夫のみ
嗜好品	0	小遣いから	3,000	
その他 （新聞、NHK、理美容等）	5,000		11,000	
支出合計	327,000		416,000	
毎月の差額	73,000		-16,000	

家計がプラス（Aさん一家）　家計がマイナス（Bさん一家）

です。

家計がプラスになっていないと、長く投資が続けられません。貯金を取り崩しながら投資をしても、必ず途中で続かなくなります。

また、ある月はプラスで次の月はマイナスになるといった凸凹のある家計も、投資が長続きしません。**安定して家計がプラスになっている。これが10年投資で成功するための条件になります。**

しかし、世の中にはこれと逆の考え方をしている人が意外と多くいるのです。

「これ以上家計は削れないから、あとは投資で増やしていくしかないですよね」

「支出が減らせないので、運用しかないと思うんです」

家計相談を受けていて、こうした声をよく聞きます。家計が厳しいから、投資でなんとかしようと思っているんですね。

こうした考えで投資を始めたとしても、まず成功しません。ある意味、投資で一発逆転を狙っているような状況ですから、株を買ったら買ったで株価の上下に一喜一憂してしまいます。そして、株価が下がったらすぐに売ってほかの銘柄を買ったり、「すすめる人がいたので」とほかの投資に移ったりします。

こんなふうにフラフラと投資をしても、資産づくりはできません。ギャンブルの連続のようになってしまいます。資産づくりどころか、投資で失敗する典型的なパターンです。

投資は、家計の不足を埋め合わせるものではありません。そうではなく、家計の余裕の部分で、貯蓄の一種としてするもの。資産づくりに成功している人は、こう考えています。

いまの状態がいい人は、将来もいい状態になります。いまの家計の状態がいい人は、自然と将来の家計もいい状態になります。

スポーツ選手で長く活躍している人は、半年後、1年後の試合のことは考えず、目の前の試合でいいプレーをすることに集中し続けた結果、長寿のプレイヤーになったのではないでしょうか。

家計も同じです。**将来のために、いまの家計をしっかりする。まず、ここから始めましょう。**

ポイント

▼「家計がプラス」が、投資で資産をつくるための条件。

▼投資で家計の埋め合わせをしようとすると、うまくいかない。

家計を「消費」「浪費」「投資」の観点で見直す

みなさんは、家計を見直すときにどのようにしていますか？

家計簿を食費、水道光熱費、被服費……と見ていき、お金が多く出ている項目がないかどうかをチェックする。これが一般的なやり方かもしれません。

しかし、**私は支出を「消費」「浪費」「投資」に分けて、まず家計の全体的な傾向を把握することをおすすめしています。**

各項目の内容は、次の通りです。

- **消費＝生活に必要なものに使うお金**
  食費、住居費、水道光熱費、教育費、被服費、交通費など
- **浪費＝生活に特に必要がなく、生産性がないものに使うお金**

嗜好品、程度を超えた買い物やギャンブルなど

●**投資＝生活に不可欠ではないものの、将来の自分にとって必要な、生産性の高いものに使うお金**

貯金、金融商品への投資、自分への投資など

「消費」はわかりやすいと思います。食費や家賃、家のローンなど、生活するために必要なお金です。

「浪費」は、それがなくても生活ができるものへの支出。特に要らないものを買ってしまったようなムダ遣いに近いもののほか、お酒やタバコなども分類としてはここに入ります。

「投資」は、将来の自分のためのお金。金融商品へのいわゆる投資のほか、習いごとや自己啓発のために本を買うといった自分への投資もこの分類。また、貯金も将来の自分のためのお金なので「投資」に入れて考えます。

この「家計三分法」を通して家計を見ると、お金を「何に使っているのか」ではな

く「どのような性格のものに使っているか」がわかるようになります。「食費が多い」「タバコ代に使いすぎかな」ではなく「消費が多い」「浪費しすぎかな」という見方になります。また、「投資にあまりお金をかけていないかも」という感想が出るかもしれません。

こうした視点で、自分の家計の傾向をチェックしてみてください。

ポイント

▼支出を「消費」「浪費」「投資」に分けて、家計の傾向をつかむ。

貯金・投資に回すお金は月収の15％

まず、家計の支出を「消費」「浪費」「投資」に分けるという話をしました。

それでは、どれくらいの「消費」「浪費」「投資」が適切なのでしょう？

家族構成や収入の額などにもよりますが、収入を１００とした場合、「消費70：浪費5：投資25」が理想の割合です。

貯金については、よく「収入の20％貯めましょう」といわれます。月収が30万円の人なら、６万円の貯金です。家計相談では、貯金ができている家庭では月収の６分の１ほど貯金ができていることがわかっています。

もちろん、毎月これくらい貯金できるといいでしょう。しかし、ですがまず「投資」の25％のうちの5分の3、つまり15％程度を貯金に回せればいいと思います。月収30万円なら4万5000円です。

第1章で、「使う」と「貯める」を合計して生活費の7・5カ月分貯まったら「増やす」に移るという話をしたのを覚えていますか。

7・5カ月分貯まるまでは、15％を貯金に回すのが目標。生活費の7・5カ月分が貯まったら「増やす」に移るタイミングですから、この15％は金融商品への投資に回してもかまいません。生活費30万円の場合、7・5カ月分＝225万円（＋5年以内くらいの間に支出することがわかっている教育費や車の購入費など）が貯まったら、4万5000円は金融商品に投資してもいい計算です。

もちろん、7・5カ月分が貯まっても15％を必ず投資しなければいけないわけではありません。投資は初めてなので最初は様子を見たいといった人は、3000円、5000円から始めてもまったく問題ありません。

「投資」のうち、7・5カ月分が貯まるまでは15％を貯金に、7・5カ月分が貯まったら金融商品への投資に充てます。「投資」の残り10％は、自分への投資。本を買ったり、ジム通いに使ったりする費用として考えます。

「消費」「浪費」「投資」の理想的な割合は70：5：25なので、「浪費」が5％あります。浪費はゼロにする必要はありません。人間には、浪費も大切。あえて「浪費」を家計に組み込んでおきましょう。

ちなみに、年収が８００万円以上など収入が多い人でも「浪費」の5％という割合は変わらない傾向があります。変わってくるのはほかの2つの項目で、「消費」が65％や60％に減り、「投資」が30％や35％に増えてきます。

お金持ちでお金を貯めている人は「ケチで浪費なんてしないんじゃないか」と思われるかもしれませんが、こうした人たちはきちんと貯めるために「この使い方は浪費である」と理解したうえで浪費するような特徴があります。

浪費をしないようにガマンしているとストレスが溜まり、その結果、逆にものすごい浪費に走ってしまうようなことになりかねません。浪費しながらも、枠の中に収まるようにうまくコントロールすることが大切です。

ポイント

- **「消費」「浪費」「投資」の割合は70：5：25が理想。**
- **月収の15％を貯金（あるいは金融商品への投資）に回す。**

自分は月にいくら消費しているのか

「消費」「浪費」「投資」の理想の割合は70：5：25ですが、この3つの割合が自分の家計ではどうなっているのか、実際に計算してみましょう。

計算式は、

「消費」の金額÷収入×１００＝「消費」の割合（％）
「浪費」の金額÷収入×１００＝「浪費」の割合（％）
「投資」の金額÷収入×１００＝「投資」の割合（％）

です。

たとえば、月収30万円の家で「消費」が24万円、「浪費」が２万円、「投資」が４万円だったとします。そうすると、

24万円÷30万円×１００＝80％……「消費」の割合

2万円÷30万円×100＝6・7％……「浪費」の割合
4万円÷30万円×100＝13・3％……「投資」の割合

となります。

「消費」と「浪費」が多く、その分「投資」が少なくなっているという傾向が見えてきますね。

補足すると、3つの割合の合計が100％を超えていると、家計が赤字になっていることを意味します。合計が120％になっていたら、20％の赤字。割合が多くなっている項目を削ることを考えましょう。

逆に、合計が100％にならなかった場合は計算漏れです。余った分は貯金として投資に計上しますから、合計は絶対100％未満になりません。漏れがないか、要チェックです。

「消費」「浪費」「投資」の金額を確認するには、家計簿をつけるのが理想です。しかし、家計簿を元に計算していくのはなかなか大変です。そこでおすすめなのが、箱で

分けるやり方です。

「消費」「浪費」「投資」の3つの箱を用意します。その中で項目が合うと思う箱に、レシートをほうり込んでいくわけです。最近は電子マネーやカード決済も増えていますから、そのような場合は使い道と金額を書いたメモを箱に入れるようにします。

あとはそれぞれの箱に入ったレシートやメモ紙を月に1回計算すれば、面倒な仕分けなどをすることなく「消費」「浪費」「投資」が計算できてしまいます。慣れてくると、箱を覗くだけで「今月は浪費が多くなっているな」とわかってくると思います。

この話をするとよくされるのが、「どの項目に分類したらいいのか、わからないものがあるのですが」という質問です。

実際のところ、分け方に絶対的な正解はありません。普通の飲み会は「消費」に入れてよさそうですが、会社のグチをいっているだけの飲みは「浪費」かもしれません。先輩を誘って仕事の相談をする飲みは、自分への「投資」と考えることもできるでしょう。

この分け方は聞いているとなかなか面白く、時間を節約できるため自動お掃除ロボットの購入を「投資」に入れた人もいます。また、医療費は通常「消費」に入ると思いますが、歯のメンテナンスを将来の医療費を抑えるための「投資」と考えた人もいました。

家族間コミュニケーションが主な目的ですが、私はレシートを見ながら6人の子どもと仕分けの話をすることがあります。子どもによって考え方はマチマチで、「それは消費でしょ」などとお互いに突っ込み合いをしたりしています。

3つの項目の正解の額を出すのが目的ではありません。自分の価値観から見た場合、自分はいったいどのようなお金の使い方をしているのか。それを知ることが大切です。

ポイント

- **「金額÷収入×100」で「消費」「浪費」「投資」の割合を計算する。**
- **自分の価値観で、自分がどのようにお金を使っているかを知る。**

家計を改善すれば「投資できる家計」になる

先ほど、Bさん一家の家計のことを「投資をしてはいけない家計」といいました。しかしこれは、いまは投資をしてはいけない状態というだけのこと。改善していけば、必ず投資ができる家計になります。

実際、私のところに家計相談に来られる方も、現状では投資ができないというケースがほとんど。しかしみなさん、家計改善をして投資を始められています。

長い間いまのお金の使い方に慣れてしまっているため「これ以上、支出は削れない」と思い込まれている方が多いのですが、見直せるところは意外とたくさんあるものです。

Bさん一家の家計を見てみましょう。

まず目が止まるのは、教育費。Bさんの家では、上の子の小学校、下の子の幼稚園それぞれに費用がかかっているほか、2人に習いごとをさせているためこれだけの教育費になっています。小学校、幼稚園の費用は見直せないかもしれませんが、習いごとは検討の余地がありそうです。

Bさんの家では、夫婦が大手キャリアのスマホをもっているほか、2人の子どもにもキッズ携帯をもたせています。また、家にはＷｉ‐Ｆｉを引いているため、通信費がかなりかかっています。

一方、Aさんの家はまだ子どもに携帯をもたせておらず、夫婦は格安スマホにしており、それと家のＷｉ‐Ｆｉのみ。Bさんの家でも、キッズ携帯をまだもたせない、プランを見直す、通信業者の変更を検討するといったことが考えられます。

また、見落としがちなのが小遣い。Aさんの一家は5万円、Bさん一家は3万円となっていますが、Aさんの家は夫と妻の2人分の小遣いで、Bさんのほうは夫だけの小遣いです。

Bさんの妻は「家計が苦しい中、私に小遣いなんて」ということで特に小遣いの枠を設けていないのですが、妻も付き合いや買い物などで自分のためにお金を使っています。それが交際費、娯楽費、嗜好品などに混ざっているのです。

Bさんの家のように「妻は小遣いなし」にしている家庭は多いですが、各費目の支出に紛れさせ合計でいくらになっているのか意識せずに小遣いを使っていることがほとんど。きちんと小遣いとして決めたほうが、支出を抑え、コントロールしやすくなります。

このように見直していけば、家計がプラスになり、投資に回せるお金がきっと出てきます。

いままで使っていたお金を減らすことになるので、最初は抵抗があるかもしれません。しかし、減らそうと思えばできること、気づいていなかったがなくてもまったく問題なかったという出費は意外にあるものです。

節約というと、使えるお金が減るイメージがありますよね。実際、使えるお金は少なくなるのですが、あまり「節約、節約」と意識するとつらくなって継続するのがむずかしくなります。

しかし、投資のために家計を改善していると思うと、同じように使えるお金が少なくなっても、将来の資産が増えるイメージができて気持ちが変わります。

実際、家計改善をして投資を始めると将来のためのお金が増えていくのがわかって楽しくなり、最初は3000円の改善だったのが5000円、1万円となっていくケースがよくあります。

ポイント

- **月々マイナスの家計でも、改善すれば投資ができるようになる。**
- **将来のためのお金が増えることがわかると、家計改善は楽しくなる。**

固定費の見直しで投資資金をつくる

消費・浪費・投資は、70：5：25が理想。この割合に近づけることを意識しながら、家計を改善していきましょう。

家計で一番見直しやすいのは「固定費」です。

固定費というのは厳密な意味での会計用語ではありませんが、ここでは毎月決まった支払い先に必ず払う必要があるものを固定費とします。たとえば、家賃・ローン、通信費、生命保険料、教育費など。毎月払うものを減らすので、改善の効果が高くなります。

「消費」「浪費」「投資」の分け方でいえば、家賃、通信費など固定費の多くは「消費」

に入るでしょう。

しかし、教育費は内容によって「消費」にも「投資」にもなりますし、生命保険料も掛け捨ては「消費」で年金的な性格が強いものは「投資」になるかもしれません。ご自分の判断で振り分けて考えてみてください。


固定費は毎月払うものなのでできるだけ手をつけたいところですが、固定費の中にも削りやすいものとそうでないものがあります。

家のローンは、急に変えられるものではありません。賃貸住宅の場合、安い物件に引っ越すという方法も考えられますが、家賃も手をつけるのが簡単ではない出費です。


大きく改善できる可能性があるのは、たとえば生命保険料です。

生命保険は、実はとても高額な金融商品。毎月2万円の支払いをしている場合、30年で払い込む額は720万円。夫婦2人で同じ保険に加入していたら、1440万円とちょっとした不動産購入に匹敵するほどの額になります。

それほど高価なものの割に、すすめられるとそのまま加入してしまう人が実に多いのです。

私は、家計相談を受ける中でお客様が加入している生命保険の内容を確認することがありますが、貯蓄性のあるもので保険料の全額を積み立てていたつもりだったが、実は一部しか積み立てられていなかったなど、本人の想定と保障内容が違っていたということがあります。

さほど必要でない保障がたくさん付き、保険料が高くなっていることも珍しくありません。

さらにいうと、長寿化、物価の上昇など今後の日本経済を考えると、生命保険で貯蓄を考えるのは得策ではないと私は思います。貯蓄なら、安定性のある投資信託を選んだほうが貯蓄効果は高くなります。生命保険に求めるのは保障の部分だけで十分です。

自分が必要とする保障をしっかり見極め加入するようにすれば、生命保険料の負担も結果的には軽減できる可能性もあります。

また、見直す価値のあるのが通信費。

スマホ代を中心とした通信費は、多い家庭だと手取り月収の1割ほどに上っていることもあります。みなさんも、家計における通信費の大きさを実感されているのではないでしょうか。

いま支払っている通信費が適当なのかどうか。たとえば、最近は格安スマホが続々と出てきています。使っているデータ量がそれほど多くなく、家ではＷｉ‐Ｆｉを使っている場合などは、格安スマホにすると格段に料金が下がる可能性があります。いまの電話番号をそのまま利用できますし、最近では店舗をかまえる格安スマホも増えたので、利用しやすくなりました。

ただ、格安スマホは通話料が高額になりやすいので、通話が多い人は大手キャリアで自分に合うプランを探すほうが安上がりになることもあります。

通信費は見直すと多いときには半額、３分の１になることもあります。必要な分だけ払っているか、チェックしてみてください。

教育費は、学校の授業料などは変えられないと思いますが、習いごとなどは見直しが可能。たとえば子どもに習いごとを始めさせても、嫌々通っているようなら無理に通わせる必要はないかもしれません。

また細かいことですが、車に乗る機会が少なくなっているなら、カーシェアリングを利用したり、レンタカーで済ませるようにすると自動車の維持費が節約できます。

まず固定費の見直し方法を説明してきましたが、毎月支払い額が変わる変動費もチェックすれば減らせる部分があると思います。

食費や被服費などは、「消費」として考えられる出費とともに「浪費」になっている部分が多くなりがち。「消費」「浪費」「投資」のチェックで月々の「浪費」が多くなっているようなら、このあたりを見ていきましょう。

家計を改善するときに大切なことがあります。それは、予算立てから入らないこと。「食費の6万円は多いから4万円に」というように数字をいきなり立てる人がいますが、このような枠を急に設定してもなかなかうまくいきません。

まず、現状を把握し、実際に削れる部分を削るようにしましょう。外食の回数を減らして5000円といったように現実的にできることで削減していきます。

10年投資に成功している人の中にも、最初は家計が苦しく赤字だった人がたくさんいます。しかし家計を見直して削れる部分を削り、赤字だった家計をプラスにし、3000円、5000円といった額でも貯金・投資に回せるお金をつくり、少しずつ、着実に資産を増やしていきました。

家計に余裕がある方は、もちろんそのまま投資を始めていただいてかまいません。

しかし、家計に余裕がない方も資産づくりをあきらめる必要はありません。削れる部分を削り、まず家計をプラスにする。そして、少額でも貯金・投資に回せるお金をつくり、「貯める」「増やす」とステップを進める。

そうすれば、必ず資産をつくっていくことができます。

ポイント

▼固定費は見直し効果が高い。

▼家計改善は最初から予算を決めず、現実的に削れる部分を探す。

第4章

10年投資には投資信託が最強・最適!

10年投資で資産をつくるには「投資信託」が最適

株式投資にFX、債券、金……。投資にはさまざまな種類があります。

「投資を始めてみたいけど、何を買ったらいいかわからない」

こんな悩みをもっている人も少なくないのではないでしょうか。

10年投資で資産をつくるためにおすすめなのはズバリ、投資信託です。

第2章で、上手な10年投資のコツについてお話ししました。
・卵をひとつのカゴに盛らず「分散」させる
・コツコツと「積立」で買う
・必ず「長期」でやる
・「複利」の効果で資産を大きく増やす

・「低コスト」の商品を買う
・大きなリスクを負わず「着実」を優先する

の6つです。

投資信託では、この6つのポイントをすべて押さえることができます。

コツの1つめは「卵をひとつのカゴに盛らず『分散』させる」。

投資信託の大きな特長に、分散投資が簡単にできることがあります。

たとえば、株に投資して運用する株式投資型の投資信託は、通常数百、数千といった銘柄に分散して運用を行いますので株式投資型の投資信託をひとつ買うだけで、数百、1000以上といった銘柄に分散投資ができてしまいます。

これは大きな資金を集めて運用する投資信託だからこそできることで、個人ではなかなかできるものではありません。

株は単元株と呼ばれる単位（通常100株）で取引が行われますが、単元株の価格は高い銘柄だと数百万円しますし、そこまでいかなくても数十万円するのが普通です。

ちなみに、アパレルブランドのユニクロを展開するファーストリテイリングの単元株価格は564万1000円、東京ディズニーランドを運営するオリエンタルランドは103万円、JR東日本の東日本旅客鉄道は91万5300円になっています（株価はすべて2018年12月25日の終値）。

このように個人で個別株10銘柄に分散投資しようとすると、数十万円から数百万円といった資金が必要。まして、100銘柄に分散投資するには数千万円以上のまとまった資産が要ることになります。

それが株式投資型の投資信託なら、証券会社によっては100円で数百から数千の銘柄に投資できてしまうのです。

その他投資信託には債券で運用する債券投資型（これは国債、地方債、社債などに分散して投資するもの）や不動産、金などを投資先にしている投資信託があります。

また、バランス型と呼ばれる国内外の株、債券など複数の資産に投資するワンパッケージ型の投資信託もあります。

10年投資のコツの2つめは「コツコツと『積立』で買う」。一度に投資資金を注ぎ込むのではなく、毎月積立で同じ額を買っていき、ドルコスト平均法の効果を得るのがポイントでした。

「手軽に投資を始めたい」というニーズに応えて、現在、積立で買える投資商品が多く出ており、「積立投資信託」という形で証券会社によっては毎月100円から投資が可能です。

毎月100円だとさすがに投資効果は薄いですが、家計に合わせて100円単位で額を設定し、積み立てていけるので家計にムリなく続けることができます。

10年投資のコツの3つめ「必ず『長期』でやる」も、手間をかけずにほったらかしにできる投資信託が最適。

もちろん、投資信託も数日~数週間といった短い期間で投資することはできます。

しかし、商品にもよりますが、基本的に投資信託は多くの対象に分散投資し、長期間でリターンを得ることを想定して設計されています。運用のプロがそのときどきの情勢に合わせて投資する銘柄などを入れ替えながら、長期で利益を出すことを目指しているのが投資信託です。

そのため、個別株などと比べると価格が変動する幅は小さく、短い期間で利益を出す短期投資に向いているとはいえません。しかし、10数年という単位の長期投資には適した投資商品です。

そして、10年投資の4つめのコツは「『複利』の効果で資産を大きく増やす」でした。

投資信託の中には、運用で得た利益の一部を分配金として毎月など決められたときに投資家に還元する「毎月分配型」のようなものもありますが、少し注意が必要です。利益の一部として5000円が毎月もらえるなら、「いい投資信託だ」と思われるかもしれません。ですが、分配金は資金を取り崩して投資家に分配する仕組みになっています。つまり、自分の投資したお金の一部を受け取っているだけという商品の場合もあります。分配金を投資家に支払うことで、投資信託の資産（規模）は減ります。つまり、運用に充てる元金が減ることになるので、前述のような複利の効果は得にくくなるのです。

これとは異なり、運用益を再投資する投資信託も多くあります。10万円から5000円の利益が出たら、増えた分も含めた10万5000円を再投資するようなやり方です。

このような投資信託の場合、順調に運用が進めば複利の効果によって投資信託の資産はどんどん膨らんでいきます。複利の効果を最大限に生かすことができ、長期の資産づくりには効率的です。積立投資をする際は「再投資型」を選びましょう。

これがほかの投資、たとえば金投資では金を保有していても価格の上昇分が利益になるだけで、複利の効果は得られません。

株式投資でも、株をもっているだけでは価格の上昇分（と配当）が将来の利益になるだけで、複利の効果は得られません。株式投資で複利の効果を得るには、配当金を再び投資する必要があります。

ただ、配当金を再び投資するといっても簡単ではありません。仮に配当利回り（購入した株価に対して配当が1年間にどれだけあるかを示す数値）が5％の場合、単純計算で20年分の配当を貯めないと複利の効果を狙った再投資ができないことになります。

多くの投資家から集めた豊富な資金を元に自動的に再投資してくれる投資信託のほうが、複利の効果を得るには有利です。

5つめのコツは「『低コスト』の商品を買う」です。投資信託には購入時に手数料がかかるもの、かからないものがあります。

のちほど詳しく説明しますが、投資信託を保有中にかかる手数料には「信託報酬」と「信託財産留保額」があります。「信託報酬」は、投資信託を運用する際に必要な経費や運用会社に支払う報酬です。「信託財産留保額」は投資信託を売却する際にかかる手数料です（最近では、この手数料がかからない商品も多くなりました）。

これらの手数料が高いとせっかく増えた運用益を圧迫して、複利の効果を半減させてしまいます。それはもったいないですよね。ですから、購入商品を選ぶ際にはしっかり「低コスト」の投資信託を選ぶようにしましょう。

最後、10年投資の６つめのコツは「大きなリスクを負わず『着実』を優先する」。

投資信託は投資家から集めた資金をさまざまな投資先に分散して投資するため、その他の投資商品に比べ、値動きはゆるやかですから、十分な利益を見込んだ運用を目指すことができます。大きなリスクを負わなくても、のちほど詳しく説明しますが、投資信託の中でも長期投資に向いているものを選べば、「着実」を優先することはむずかしくありません。

投資対象から見ても、リスクの観点から見ても、バラエティに富んだ商品が揃っていることがほかの投資商品にはない投資信託の魅力のひとつです。

投資である以上リスクをなくすことはできませんが、資産をつくるには大きなリスクはマイナス要因。第１章でも説明しましたが、ＦＸ、仮想通貨、株式投資などはハイリスク・ハイリターンの投資で、10年投資のコツからははずれます。

こうして見ていくと、上手な10年投資のコツを6つとも押さえることができる投資は意外にありません。

株式投資は「積立」で買うこともでき、「長期」で保有することもできますが、「分散」や「複利」が得意ではありません。また、「着実」という点でもむずかしいところがあります。

FXも「積立」で買えるものがありますから「積立」はクリアしますが、「分散」や「複利」が得意でなく、レバレッジをかけて大きく増やすことを目指すので「着実」からは離れています。

金は「積立」で買うこともでき、「長期」に向いているのに加えて「着実」な部分もありますが、「複利」の効果が得られず「分散」ができない特徴があります。

10年投資に向いているのは、投資信託ということになるのです。

ポイント

▼「分散」「複利」「着実」が苦手な投資は多い。
▼上手な10年投資には「分散」「積立」「長期」「複利」「低コスト」「着実」をすべて押さえられる投資信託が最適。

投資信託の仕組みと種類を覚えておこう

よくいわれるように、投資は自己責任。

「なんだかわからないうちにトクした（あるいは損をした）」というようなことがないように、投資をする際には「その投資商品がどのような仕組みになっているか」を理解するようにしましょう。

この章では投資信託についてお話ししていますが、投資信託とはひとことでいうと「さまざまな投資家から集めたお金を運用の専門家が投資・運用し、その運用によって得られた利益を投資家に分配する仕組みの金融商品」です。

たとえば、１万円を１万人から集めたとします。そうすると、集まったお金の総額は1万円×1万人＝1億円。この1億円をプロが投資・運用し、得られた利益を分配するのが投資信託の基本的な仕組みです。

通常の株式投資や債券投資などでは、投資家が個人で運用します。しかし、一般の投資家は投資のプロではないので、効率的に運用できないことも珍しくありません。そこで、資金を集めて投資のプロに運用してもらうわけです。

そして、**投資信託には3種類の組織がかかわっています。運用を担当するのが「運用会社」で、投信会社と呼ばれることもあります。販売を担当するのは「販売会社」。**証券会社や銀行が投資信託の販売会社になっています。公平性を保つため、運用会社が販売会社を兼ねることはできません。必ず、別の会社が販売を担当することになっています。

また、投資家から集めた資金は運用会社や販売会社ではなく「信託銀行」に保管されます。万一、運用会社や販売会社が破綻したとしても、資金は信託銀行に別に保管されているため差し押さえられることはありません。

このように3つの種類の組織に役割を分けることで、公平性と安全性を確保しているのが投資信託です。

投資信託にはさまざまな商品があり、「いったい何が違うの？」と思われるかもしれません。しかし、「集めた資金をどのような対象に投資しているか」で見るとわかりやすくなります。この投資先にもいろいろあるのですが、まず10年投資では「株式型」と「債券型」２種類で構成された基本の４資産について理解してもらえば十分です。

株式に投資する投資信託は、各市場の証券取引所で取引されている株式を複数銘柄組み入れて運用しています。株価の値動きによって利益が出たり損をしたりするので、投資信託の値段の動きも大きめです。

債券を組み入れている投資信託は、国が発行する債券「国債」や企業が発行する債券「社債」を組み入れている投資信託で値動きが小さめになります。

また、投資信託にはインデックス型、アクティブ型があります。これは、投資信託の運用方針を指しています。

インデックス型とは、指標とする指数と同じように動くことを目標としたもので、比較的リスクが少ないとされているものです。アクティブ型とは、その指標とする指数を上回る成果を目指して運用されており、インデックス型より値動きが大きくなります。この指数とは、国内では日経平均やＴＯＰＩＸなどを指し、海外ではアメリカのダウ平均、イギリスのＦＴＳＥ１００といったものがあります。

整理すると、投資信託のおもなタイプには次のようなものがあります。

国内株式投資型：国内の株式に投資して運用

・インデックス型

・アクティブ型

海外株式投資型：海外の株式に投資して運用

・インデックス型

・アクティブ型

国内債券投資型：国内の債券に投資して運用

海外債券投資型：海外の債券に投資して運用

バランス型：国内外の株、債券などに投資して運用

アクティブ型の投資信託は、市場を上回る運用成果を目指すために、ファンドマネージャーが企業分析や調査などを行い、大きなリターンを見込み運用されています。そのため、大きなリスクが伴う運用方針の商品もあります。

大きなリターンを狙うには、アクティブ型投資信託のほうがよさそうとアクティブ型を選びがちですが、長期投資の場合、インデックス型の投資信託より手数料が高いアクティブ型投資信託の手数料はデメリットとなります。インデックス型の投資信託でも組み合わせ次第で、アクティブ型に劣らない利益を見込めますので、10年投資では値動きの安定しているインデックス型の投資信託を選びましょう。

ポイント

- **投資信託は、投資家から集めたお金を運用の専門家が投資・運用する。**
- **投資する対象によって、さまざまなタイプの投資信託がある。**

株は株価、投資信託は「基準価額」

株は、株価によって取引が行われています。**一方、投資信託で株の株価に当たるのが「基準価額」です。**

投資信託への投資では、資金を運用して得られた利益が分配される分配金のほか、購入したときと売却したときの基準価額の差額が利益になります。

この基準価額、ちょっと複雑なのですが、利益に関係する大切なところなので計算の仕方を説明しておきましょう。

計算式は、

純資産総額÷総口数＝基準価額

です。

純資産総額というのはその名の通り、投資信託がもっている資産の総額。そのメインになるのが「時価評価額」です。

投資信託では、投資家から集めた資金を株や債券などに投資して運用します。そして、投資している株や債券は運用する中で価格が上下します。そのときどきの時価によって保有している株や債券の総額を計算したものが「時価評価額」です。

たとえば、ある投資信託がAという銘柄を1万株、Bという銘柄を1万株もっているとしましょう。そしてAの株価が1株1万円、Bの株価が1株2万円だったら、その日の時価評価額は、

（1万株×1万円）＋（1万株×2万円）＝3億円

です。

また、株式投資型の投資信託なら株の配当金は投資信託側の収入になります。債券投資型の投資信託なら、利子が収入に。こうした株の配当金や債券の利子も資産にプラスされます。

しかし、投資信託では出ていくお金もあります。たとえば、分配金。分配型の投資信託の場合、その分配金は、投資信託の資産から支払われることになります。

また、ファンドマネージャーの報酬など投資信託の運用に関連するコストがかかります。この分も、資産から支払われます。

以上を計算式としてまとめるとこうなります。

時価評価額＋配当金・利子収入－分配金－運用費用＝純資産総額

また、基準価額を計算するのに必要なのが「総口数」です。
総口数というのは発行している投資信託の数のこと。株の場合、1株から発行していますが、100株、1000株などの単位を「単元株」として取引が行われています。これは、投資信託も同じ。投資信託は1口から発行していますが、通常1万口を単位として取引が行われます。この1万口がいくつあるかを表したのが「総口数」です。
ですから、最初に示した計算式
純資産総額÷総口数＝基準価額

では、1万口あたりの投資信託の価格が出ることになります。
ちょっと複雑だったかもしれませんが、**「1万口あたりの資産額」が投資信託の価格になり、取引が行われていると考えてください。**

ポイント

▼投資信託で株の株価にあたるのが「基準価額」。
▼投資信託が保有している資産額を1万口あたりで計算したものが、基準価額となる。

投資信託で重要な3つの手数料

投資信託への投資では、購入時と売却時の基準価額の差額、および分配金が利益になります。

一方、手数料も必要です。この手数料も投資においては重要なので、覚えておきましょう。

前述しましたが投資信託の手数料には、「購入時手数料」「信託報酬」「信託財産留保額」の3つがあります。

「購入時手数料」は、投資信託を購入する際にかかる手数料です。この購入時手数料は、購入するときに自動的に差し引かれます。

たとえば購入時手数料3％で10万円分の投資信託を購入した場合、3000円が差し引かれて9万7000円分を投資することになります。

同じ投資信託でも、扱っている証券会社・銀行によって購入時手数料は異なります。購入する投資信託が決まったら、購入時手数料を比較してみてください。中には購入時手数料を無料に設定している「ノーロードファンド」と呼ばれる投資信託もあります。

前のテーマで、運用を担当するファンドマネージャーの報酬などでコストがかかるという話をしました。こうした、**投資信託の運用にかかる費用を「信託報酬」として支払います**。

信託報酬は、投資信託によって額が決まっています。同じ投資信託ならどこの証券会社でも信託報酬は変わりません。

信託報酬は年利で0・2％～2％ほどですが、年に1回かかるのではなく、毎日、少しずつ差し引かれる形で日割りでかかってきます。

たとえば、仮に年に5％のリターンを達成した国内株式投資型の投資信託が2種類あったとしましょう。Aの信託報酬は1%、Bは2%の場合には、実質的な年間でのリターンに1%の違いが出ます。購入時手数料は購入時にしかかかりませんが、信託報酬は保有期間中、ずっとかかる費用です。手元により多くの利益を残すためにも、10年投資のように長期的な資産形成では、この信託報酬が安いものを選んだほうが有利です。

信託財産留保額は、投資信託の解約（売却）時にかかる手数料。解約代金から自動的に差し引かれます。信託財産留保額も投資信託によって額が決まっており、同じ投資信託ならどこの証券会社でも額は変わりません。目安は投資先などにもよりますが0・3%ほど。また、信託財産留保額がかからない投資信託も最近は増えてきました。

手数料について説明しましたが、誤解のないようにしていただきたいのは「手数料が高い＝優秀なファンド」ではないということ。

手数料と投資信託の運用成績の間には、特に相関関係はありません。手数料が低く設定されている投資信託にも、過去にいい運用成績を残しているもの、安定して運用されているものがたくさんあります。

反対に、手数料が高くても基準価額が下がり続けているものもあります。

「手数料が高いから安心だろう」

「手数料が安いから、避けておいたほうが無難かな」

などと思わないようにしてください。

ポイント

- ▼ **投資信託には「購入時手数料」「信託報酬」「信託財産留保額」の3つの手数料がある。**
- ▼ **「手数料が高いからいい投資信託」ではない。**

多くの成功者が投資している「インデックス型投資信託」

10年投資で資産をつくるには、「インデックス型投資信託」はおすすめです。

実際、資産形成に成功している人の多くが、「インデックス型投資信託」に投資しています。プロローグで紹介した資産を5倍、10倍と増やした方々の中にも「インデックス型投資信託」で投資を始めた方が少なくありません。

投資の神様と呼ばれ、8兆円超という世界3位の個人資産をもつウォーレン・バフェットも「非常に低コストのインデックス型の投資信託に投資すれば、同時に投資を始めた90％の人よりもよい結果を得られるだろう」と述べています。

「インデックス型投資信託」は、日経平均やダウ平均など市場全体の動きを表す指標（インデックス）に連動することを目指して運用されています。

日経平均やダウ平均のほか、TOPIX（東証株価指数）、また先進国や新興国といったテーマで複数の国の市場の動きを表す指標を目標にしているものもあります。

「指標に連動することを目指す」というのはわかりにくいかもしれませんが、たとえば日経平均が3％上昇→1％下落→4％上昇と動いたら、「日経平均のインデックス型投資信託」では同じように3％上昇→1％下落→4％上昇と動くことを目指します。

とはいえ、これは、日経平均と同じ価格を目指すという意味ではありません。日経平均は2018年12月現在、2万円をはさんで推移していますが、「日経平均のインデックス型投資信託」が同じように2万円あたりの価格を目指しているわけではありません。あくまで、目標とする指標と同じようなパーセントで上昇（下落）することを意図しているのが「インデックス型投資信託」です。

日経平均やダウ平均などは指標なので、そのものには投資できません。そこで、たとえば日経平均のインデックス型投資信託なら、日経平均を計算する元となる225

銘柄に投資を行い、日経平均と同じように動くよう運用されています。

また、指標に連動することを目指して運用されているインデックス型のマザーファンド（複数の投資信託をまとめて運用する投資信託）に投資して運用することもあります。

いずれにしても、目標とする指標と近い動きをするようになりますが、目標とする指標とまったく同じに動くわけではないため、「指標に連動することを目指す」という表現になります。

この「インデックス型投資信託」のメリットは、

- **手数料が安い**
- **市場全体にバランスよく分散投資できる**
- **値動きがわかりやすい**
- **自分なりの資産配分にカスタマイズできる**

ことです。

「インデックス型投資信託」は、インデックスファンド、パッシブファンドとも呼ばれ、ひとつのファンドをもてば指標を構成する数百銘柄や数千銘柄に分散投資できることになります。指数に連動することを目指し、機械的に運用するので、ファンドマネージャーなどの人的コストがあまりかからず、手数料は割安なものが多いことも特長です。購入時の手数料がかからない「ノーロード」商品もあります。

インデックス型の投資信託は市場全体の動きを表す指標に連動するため、個別株などに比べて価格の動きは比較的安定しています。そして同時に、市場全体の伸びがそのまま利益に結びつきますから、長期投資に向いています。

また、投資先や地域によって国内株式型、海外株式型、国内債券型、海外債券型など、さまざまな種類の商品があります。投資先をファントマネージャーが決めるバランス型の投資信託（後述します）と違い、こうした商品を組み合わせれば資産配分を自分でカスタマイズすることができます。

一方、「インデックス型投資信託」にもデメリットがあります。それは、

● **短期では大きな利益を見込めない**

● **取引がリアルタイムではない**

こと。

複数の銘柄に投資をするので、一社の業績がよくなっても他社と平均化されて大きな利益にはなりません。また、一日の終わりに基準価額が決まる仕組みです。株のように下がったら買う、上がったら売るということがリアルタイムにはできません。

「インデックス型投資信託」には、次のようなものがあります。

■国内株式指標連動型

● **「eMAXIS Slim 国内株式（日経平均）」**

（三菱UFJ国際投信）

● **「たわらノーロード 日経225」**

（アセットマネジメントOne）

● **「iFree日経225インデックス」**

（大和投資信託）

■海外株式指標連動型

●「eMAXIS Slim 米国株式（S&P500）」

（三菱UFJ国際投信）

●「たわらノーロード 先進国株式」

（アセットマネジメントOne）

●「iFree外国株式インデックス」

（大和投資信託）

ポイント

▼「インデックス型投資信託」は手数料が安く、市場全体にバランスよく分散投資できて長期投資に向いている。

▼商品ごとに投資先や地域が分散されているので、資産配分を自分でカスタマイズすることができる。

投資初心者にピッタリの「バランス型投資信託」

10年投資で資産をつくるには、投資信託が適しています。

その中でも国内外の株・債券のもち方のバランスに迷う投資初心者におすすめなのは、「バランス型投資信託」です。

「バランス型投資信託」というのは、国内外の株、債券などがパッケージ化されている投資信託のこと。

投資先は、たとえば「国内の株式20%：海外の株式30%：国内の債券10%：海外の債券40%」といった割合で構成されています。自分でいろいろ選ばなくても、これさえもっておけば国内投資も海外投資も株式投資も債券投資もすべて幅広く、バランスよくできてしまうため、どんな投資信託を購入すべきか決められない、わからない、まずは投資を始めてみたいという初心者の方に適しています。

この「バランス型投資信託」のメリットは、

- **ひとつの商品で地域や資産の種類を分散して投資できる**
- **自分で資産配分を決める必要がない**
- **ファンドマネージャーが資産配分の管理をしてくれる（リバランスの必要がない）**

ことにあります。

長期的な投資では、相場の変動や時間の経過とともに、それぞれの投資先の資産割合に変化が生じます。目標とする運用成果を達成させるためには、当初の資産配分を維持するために、定期的にバランスを取り直すこと（リバランス）が必要です。

たとえば、株と債券に同じように投資するため株式型投資信託を10万円、債券型投資信託を10万円分買ったとします。相場が上昇して株式型投資信託の価値が12万円になった場合、当初のバランスを保つには株式型投資信託を1万円分売り、債券型を1万円分買うというような調整が必要です。バランス型の投資信託の場合、そのリバランスをファンドマネージャーが行ってくれるので、リバランスの手間が省けます。

また、「バランス型投資信託」の多くは先進国だけでなく、新興国にも投資しています。先進国は経済成長の度合いが減速していますが、新興国は速いスピードで経済が発展しています。

こうした新興国にも投資することで、世界経済の成長を享受できるようになっているのです。

一方、「バランス型投資信託」にもデメリットがあります。それは、

●手数料が比較的高い

●資産配分を変えられない

こと。

先ほどお話ししたように、投資信託には「購入時の販売手数料」「信託報酬」「信託財産留保額」という3種類の手数料があります。

「バランス型投資信託」は、他社のファンドを組みこんでいることもあり、信託報酬が二重、三重にかかるものがあります。そのため、手数料が高くなりやすいのです。

加えて、バランス型の投資信託は幕の内弁当のように資産配分があらかじめ決められており、自分の好みで変更することはできません。

前にお伝えしたとおり、投資を始めるきっかけにバランス型を購入するのはいいと思います。ただし、投資に慣れてきたら自分で投資先を決めて運用する力を身につけてほしいと思います。

また、株だけでなく債券にも投資するため、分散効果が高い代わりに投資効率がやや落ちるところもあります。

「バランス型投資信託」には、次のようなものがあります。

すべて「国内株式」「先進国株式」「新興国株式」「国内債券」「先進国債券」「新興国債券」「国内REIT」「先進国REIT」の8つに均等に投資する「8資産均等型」になっています。REIT（リート）は、不動産に投資する投資信託です。

- **「eMAXIS Slim バランス（8資産均等型）」**

（三菱UFJ国際投信）

- **「iFree 8資産バランス」**

（大和投資信託）

● **「世界経済インデックスファンド」**

（三井住友トラスト・アセットマネジメント）

ポイント

▼ **「バランス型投資信託」は投資初心者におすすめ。**

▼ **ひとつの商品で地域や資産の種類を分散して投資できることがメリット。**

これまでの株式市場は「下落しても回復」の歴史を繰り返す

投資信託は、決してハイリスク・ハイリターンの投資商品ではありません。**しかし、投資信託の価格も常に動いています。そのため、ほかの投資商品と同様にリスクは潜んでいます。**

事件などをきっかけに株式市場全体が大きく動くことがあることはみなさんもご存知でしょう。

「インデックス型投資信託」のパフォーマンスはターゲットとする指標の動きと基本的に連動するため、価格もその影響を受けます。また、株式に多く投資している「バランス型投資信託」もやはり株式市場の影響を受けます。

振り返ってみると、2008年にはリーマンショックによりニューヨーク株式市場の株価が大暴落、NYダウ平均も大きく下落しました。その前の2000年にはITバブルが崩壊し、やはり株価が大きく下がっています。

日本でも1991年にバブルが崩壊し、日経平均が約半年で半値近い水準まで暴落したのを覚えている方も多いでしょう。


株式市場では「10年に1回大暴落がある」といわれるほど、こうした大きな下落が定期的に起こります。しかしそのあとには株価が戻っていっていることも、過去の指標の推移を見るとわかります。


次のページのグラフは、アメリカのNYダウ平均と日本の日経平均の推移を表したものです。

このグラフを見ると、古くは1929年の世界大恐慌のときから株価が大きく下がる局面が何回も現れていますが、その後、回復していることが見て取れると思います。

回復には数年から数十年かかることもありますが、元に戻っています。

過去の市場暴落（1925年～2019年1月）

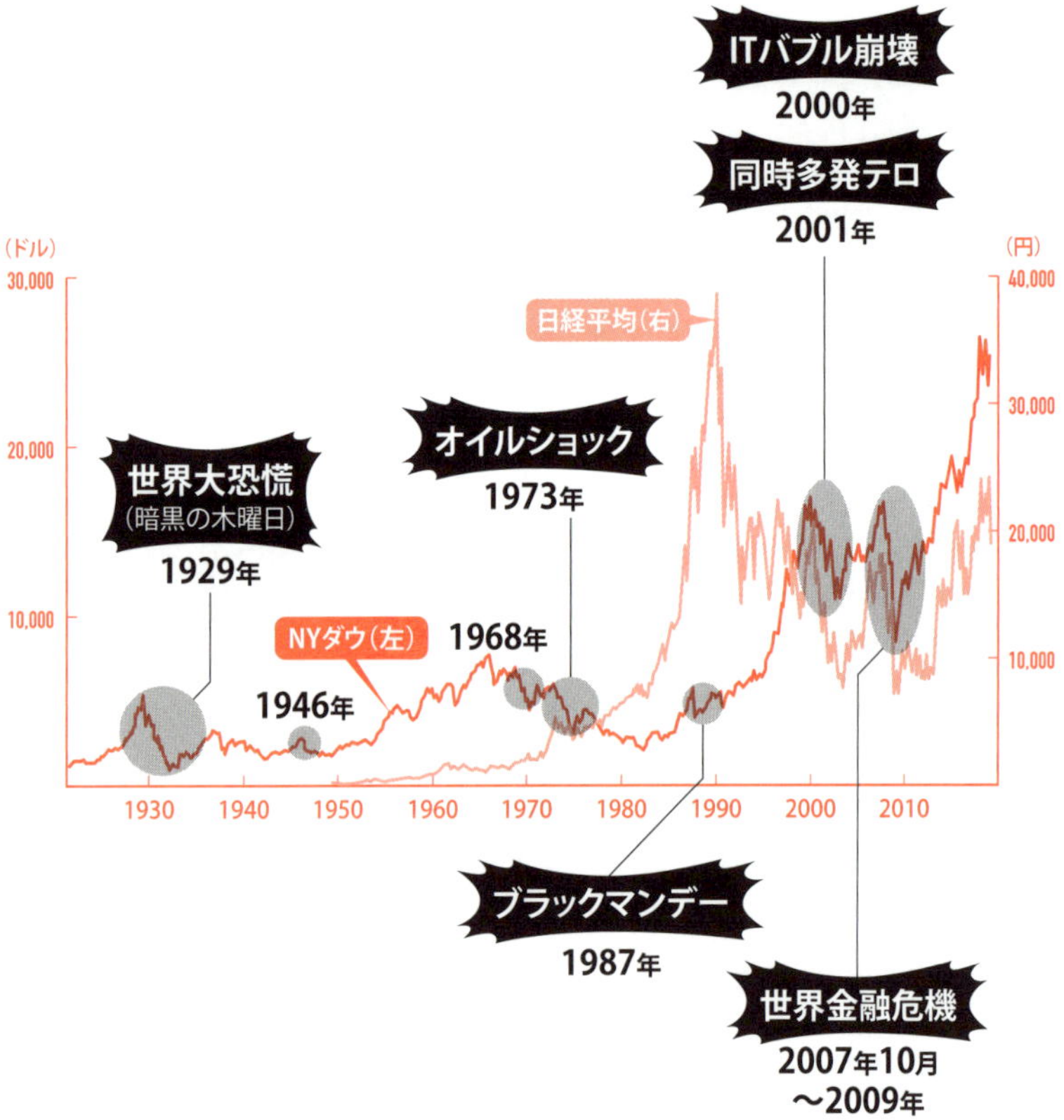

「©2009-2012 わたしのインデックス http://myindex.jp」を参考に編集部作成

今後、こうした大暴落が起きたときにも株価が絶対に戻るとは断言できません。しかし、世界人口は２０５０年には97億人を超え、２１００年には１１２億人に達すると予測されています。２１００年の１１２億人レベルまで世界経済の成長が続くかどうかはわかりませんが、少なくとも１００億人レベルになるまでのあと30年、40年は成長が続き、世界的に株価も上昇傾向が続くと考えられています。

人口増イコール経済成長ではありませんが、人口が増えると生産人口と消費人口が増え、経済が発展しやすくなるという傾向がありますので、日本のみならず、世界に投資することを忘れなければ、資産を着実に増やしていけると私は思っています。そして、私が強く思うのは**もし大暴落が起きても、大事なのはパニックになってすぐに売ったりしないこと。そのまま積立を続けてほしいということです。**

こうした大暴落でなくても、株価は上がり続けるということはなく、必ず下がる局面があります。そうしたときに慌てて売るのは、投資下手です。

実は、投資信託の平均保有期間は11カ月という驚くべきデータがあります。非常に短いですよね。おそらく価格が下がったときにパニックになって売る人が多いのだと思いますが、これだけしか保有しなかったら株価の長期的な上昇に伴う恩恵も、複利の恩恵も受けることができません。
くどいようですが、長期での投資が正解です。

ポイント

▼「インデックス型投資信託」「バランス型投資信託」いずれも株式市場の下落とともに価格が落ちることがある。

▼歴史的に見て、大暴落しても株価は回復する。慌てて売らず、もっている投資信託は保有し続ける。

組み合わせで自分流のアセットアロケーションをつくる

10年投資で資産をつくるには、国内のものだけではなく、海外への投資も必要であることがおわかりいただけたと思います。初めての方は「バランス型投資信託」への投資から始めて投資を体感してみるのもひとつです。「インデックス型投資信託」を自分なりの考えで持つことも大切なポイントです。

しかし、投資に慣れて積立資産が大きくなってきたら、国内と全世界に投資できるインデックス型の投資信託を自分なりの配分を考え、自分流のアセットアロケーション（資産の組み合わせ）をつくることをおすすめします。

P118、119で基本の4資産について説明しました。

- **国内株式指標連動型**
- **海外株式指標連動型**
- **国内債券指標連動型**
- **海外債券指標連動型**

これら4種類の「インデックス型投資信託」を組み合わせて、自分に合ったアセットアロケーションを作成していきましょう。

プロローグで紹介したAさんは、「国内株式指標連動型：50％　海外株式指標連動型：50％」で投資を始めました。いまはそこに債券指標連動型、そしてバランス型を加えて次のようなアセットアロケーションになりました。

- **国内株式指標連動型：22％**
- **海外株式指標連動型：41％**
- **国内債券指標連動型：17％**
- **海外債券指標連動型：15％**
- **バランス型：5％**

ちなみに、Bさんのアセットアロケーションはこのようになっています。

- **国内株式指標連動型：19％**
- **国内株式アクティブ型：9％**
- **海外株式指標連動型：47％**
- **国内債券指標連動型：16％**
- **海外債券指標連動型：9％**

このように「インデックス型投資信託」を中心にした基本の4資産から投資の目的に見合ったアセットアロケーションを考えていきましょう。

「アクティブ型投資信託」は大きなリターンを狙う代わりにリスクも大きくなるため、長期で資産をつくることを考えるならメインにすることはおすすめしません。

「インデックス型投資信託」を軸にしながら自分のポートフォリオに「バランス型投

資信託」「アクティブ型投資信託」を少々スパイスとして加えるのはアリです。

ポイント

- 「バランス型投資信託」「インデックス型投資信託」だけでも資産づくりはできる。
- アセットアロケーションのつくり方によって、「インデックス型投資信託」「バランス型投資信託」のデメリットを補うことができる。

理想のアセットアロケーションを組んでみよう

「インデックス型投資信託」を使ったアセットアロケーションについてもう少し見てみましょう。「アクティブ型」や「バランス型」を使わなくても、「インデックス型投資信託」を組み合わせるだけで、いろいろなタイプのアセットアロケーションを作ることができます。

基本となるアセットアロケーションは、次のようなもの。「インデックス型投資信託」の4つのタイプに、均等に投資します。

- **国内株式指標連動型：25％**
- **海外株式指標連動型：25％**
- **国内債券指標連動型：25％**

●海外債券指標連動型：25％

株と債券にそれぞれ50％ずつ。国内と海外という分け方で見ても、同じく50％ずつになっています。

この割合を、少し変えてみます。

たとえば、リスクを取ってリターンを増やしたい場合。こういうときは、株の割合を増やして債券を減らす方向で考えます。次のようなアセットアロケーションです。

●国内株式指標連動型：30％
●海外株式指標連動型：35％
●国内債券指標連動型：20％
●海外債券指標連動型：15％

4種類に均等に投資する先ほどの基本形から、国内株式指標連動型が5％、海外株式指標連動型が10％増え、株と債券の割合が65：35になりました。

このように海外の株式指標連動型、なかでも先進国ではなく新興国の株式指標に連動する投資信託の割合を増やすと、より大きなリターンが期待できるようになります。

反対に、リターンを狙わずにリスクを減らしたい場合はどうでしょう。こういうときは、債券の割合を増やして株を減らすようにします。

たとえば、次のようなアセットアロケーションです。

- **国内株式指標連動型：20％**
- **海外株式指標連動型：20％**
- **国内債券指標連動型：45％**
- **海外債券指標連動型：15％**

株と債券の割合を40：60にし、債券指標連動型のなかでもリスクの少ない国内型の割合を多くしています。

ちなみに、厚生年金と国民年金の年金積立金を運用するGPIF（年金積立金管理運用独立行政法人）のアセットアロケーションは次のような内容。

- **国内株式指標連動型：25％**
- **海外株式指標連動型：25％**
- **国内債券指標連動型：35％**

●**海外債券指標連動型：15％**

株と債券の割合は50：50にしてバランスを取りつつ、債券のなかで国内型の割合を多めにしてリスクを抑えめにしています。リスクを抑えることを意識した「守り」の要素が強いアセットアロケーションですが、それでも運用利回りは2001年から2016年の平均で2・89％。リターンも着実に取れています。

アセットアロケーションに絶対的な正解はありません。リターンとリスクのバランスを考えながら、自分の理想のアセットアロケーションを組みましょう。

ポイント

▼**リスクを取ってリターンを増やしたいときは、株式指標連動型の割合を増やし、債券指標連動型を減らす。**

▼**リターンを狙わずにリスクを減らしたいときは、債券指標連動型の割合を増やし、株式指標連動型を減らす。**

第5章

10年投資の強い味方、ネット証券との付き合い方

販売会社は取り扱い商品が多いネット証券がおすすめ

投資をしてみたいと思っているけど、始められていない……。

そうした人に理由を聞くと、「怖さが消えない」「何をやったらいいのか迷っている」という以上に「どうやって始めたらいいのかがわからない」という声が多く返ってきます。

投資を始めたいと思っていても、一歩目の踏み出し方がわからず、そのまま半年、1年が経過している。こうした人が意外なほど多いのです。投資は早く始めたほうが将来の増え方が大きくなりますから、もったいない話です。

投資の世界というとハードルが高く感じられるのかもしれませんが、始めるのは意外と簡単です。感覚的には、銀行に口座を開いて預金をするのとほとんど同じ。

この本では投資信託を取り上げていますが、投資信託への投資は

①証券会社・銀行を選ぶ
←
②口座を開く
←
③投資信託を選ぶ
←
④口座に資金を入金する
←
⑤購入する

の5つのステップで始められます。

第4章で、投資信託には「販売会社」「運用会社」「信託銀行」の3つがかかわって

いるという話をしました。投資信託は証券会社や銀行が販売会社となっており、「どの証券会社・銀行で投資信託を買うか」を決めるのが最初のステップになります。

私は、10年投資を始めるならネット証券をおすすめしています。理由は、

- **手数料が安い**
- **少額から始められる**
- **商品の種類が豊富**

からです。

投資信託の手数料のうち、信託報酬と信託財産留保額の2つは商品によって決まっています。同じ商品なら、どの販売会社で買っても信託報酬と信託財産留保額は同じです。

しかし、購入時手数料は販売会社によって異なるケースがあります。同じAという投資信託でも、販売会社によって購入時手数料が違う場合があるのです。

ネット証券は購入時手数料が総じて低く抑えられており、同じ投資信託を買うとき有利に働きやすくなっています。最近ではどの販売会社で買っても購入時手数料が無料になる「ノーロード投信」も多く組成されていますが、ネット証券はノーロード投信の取り扱いが多いのもメリットです。

また、日々の積立額は数百円からできるのもネット証券ならでは。家計に無理のない範囲の少額から始められます。

そして、商品の種類が多いのもネット証券の魅力。

銀行では取り扱っている投資信託の本数はおおよそ100～200ですが、ネット証券では2000本以上の投資信託を扱っているところもあります。その中には、10年投資向きの投資信託も多く含まれています。

購入する投資信託が決まっていれば、扱っている商品の数は気にせず、購入時手数料が安い販売会社を選ぶのがひとつの方法です。

しかし将来、ほかの投資信託を買い足したりするときのことなどを考えると、扱っている商品の種類が多いほうが安心です。

たとえば、最初は「国内株式指標連動型」だけで投資を始めたとしても、将来的には「海外株式指標連動型」や「国内債券指標連動型」などと組み合わせてポートフォリオをつくりたいという場合。
最初に買う「国内株式指標連動型」のことだけでなく、将来に買うであろう「海外株式指標連動型」や「国内債券指標連動型」などのことを考えて、取り扱っている種類が多い販売会社を選んでおいたほうが、買い足すときに選べる投資信託の幅が広くなります。

現在、多くのネット証券がありますが、代表的なものには次の会社があります。

●SBI証券

取り扱い投資信託2000本以上。投信積立は100円以上1円単位。ネット証券の中では口座数が一番多い。夜間取引も可能。

●楽天証券

取り扱い投資信託2000本以上。投信積立は100円以上1円単位。楽天銀行の口座と連携させると、楽天市場で使えるポイントがもらえるなどさまざまなメリットがある。

●**マネックス証券**

取り扱い投資信託1000本以上。投信積立は100円以上1円単位、あるいは1000円以上1円単位。30万円以下の取引ならSBI証券や楽天証券より売買時の手数料が安いが、30万円を超えると高くなる。

●**カブドットコム証券**

取り扱い投資信託1000本以上。投信積立は500円以上1円単位。経営母体は三菱UFJフィナンシャルグループ。

ポイント

▼投資信託への投資は「証券会社・銀行を選ぶ」「口座を開く」「投資信託を選ぶ」「口座に資金を入金する」「購入する」の5ステップで始められる。

▼ネット証券は手数料が安く、扱っている投資信託の種類が多いのでおすすめ。

口座開設はネットで15分でできる

投資信託で投資を始めるステップ。証券会社・銀行を選んだら、次は「②口座を開く」です。

証券会社で投資信託を買う場合にはその証券会社に、銀行で投資信託を買う場合にはその銀行に口座を開きます。

注意しなければならないのは、銀行を利用する場合には投資信託専用の口座が必要だということ。すでに預金口座をもっている銀行で投資信託を買うときにも、預金口座とは別に投資信託口座が必要です。

以前は口座を開くときには店舗に行くか書類を郵送するかしなければなりませんでしたが、最近はインターネットでの申し込みだけで口座を開ける証券会社・銀行が増えました。

手続きがシンプルなネット証券の楽天証券を例に、インターネットでの口座開設手順を見てみましょう。おおまかな流れは、

個人情報の入力↓入力情報の確認・重要書類への同意↓本人確認書類アップロード

です。

楽天証券のＨＰを開くと、トップ画面の右上に「口座開設」のボタンがあります。このボタンを押すと、口座開設スタートです。

最初に出てくるのは、個人情報の入力画面。氏名、住所、電話番号などを入力していきます。

そして、メールアドレスまで入力すると「納税方法の選択」という欄が出てきます。ここはポイントです。

楽天証券に限らず、口座開設をする際には、

- **一般口座にするか、特定口座にするか**
- **特定口座にする場合、源泉徴収をありにするか、なしにするか**

を選ぶ必要があります。

特定口座は耳慣れない方が多いと思いますので、説明しておきましょう。

投資によって利益が出ると、確定申告をすることになっています。正確にいうと、給与所得がある人の場合、投資の利益など給与以外の所得が年間20万円を超えると確定申告して税金を納めます。

投資信託の投資で利益になるのは、売却益と分配金。たとえば、投資信託を売却して20万円を超える利益が出たら確定申告です（自営業者、主婦など給与所得がない人の場合、投資などで得た利益が38万円を超えるとその分を確定申告します）。

確定申告するときには、年間の売買の履歴や損益をまとめた「年間取引報告書」を作成して税務署提出しなければなりません。この年間取引報告書を証券会社や銀行が

作成してくれるのが、特定口座です。
一般口座にすると、確定申告が必要になったとき、損益の計算などを自分で行って年間取引報告書にまとめる必要があります。ですので、特定口座にしたほうが便利です。

そして特定口座を選んだ場合、源泉徴収を「あり」にするか、「なし」にするかを選択します。

「源泉徴収あり」にすると、取引のたびに証券会社や銀行が税金を源泉徴収し、税務署に納付します。

証券会社や銀行のほうで自動的に税金を納めてくれるので、こうしたほうが便利だと思われるかもしれません。しかし、20万円以下の利益しか出ず、本来税金を納める必要のない場合でも自動的に源泉徴収されてしまいます。

特に、投資信託を毎月積立で買って10年投資する場合、初期の利益はそれほど多くありません。**少ない利益から源泉徴収されることがないように、「特定口座開設する　源泉徴収なし」でスタートしましょう。**

楽天証券の場合、「納税方法の選択」で特定口座の開設と源泉徴収の有無を選択すると、下に「ＮＩＳＡ口座の選択」という欄があります。また、「追加サービスの選択」の中に「個人型確定拠出年金（ｉＤｅＣｏ）の申込」の欄があります。

ＮＩＳＡとｉＤｅＣｏについてはのちほど説明しますが、いずれも税制上の優遇が得られる制度。必要に応じて申し込みをしましょう。

また、ＮＩＳＡとｉＤｅＣｏはあとからでも申し込みが可能です。とりあえず申し込まずに口座をつくり、必要になったら申し込む形でも大丈夫です。

そのほか、「追加サービスの選択」の中には「楽天銀行口座の申込」があります。楽天証券で取引する場合、楽天銀行口座があったほうが資金の移動などで便利。口座をもっていなかったら申し込んでおきましょう。

またＦＸ口座、信用取引口座も開けるようになっていますが、これは特に希望がなければ必要ありません。

ここまで入力が終わったら、口座開設の半分は過ぎたようなもの。「入力内容の確認」「重要書類への同意」を済ませて、本人確認書類をアップロードします。現在、株や投資信託の取引にはマイナンバーの登録が義務づけられていますが、楽天証券の場合、口座開設とは別にスマホで「通知カード」か「個人番号カード」を撮影して登録画面にアップすればOK。郵送で「通知カード」か「個人番号カード」のコピーを送っても登録ができます。

口座開設と同時にマイナンバーの登録が必要な証券会社もありますが、ウェブで口座開設する場合には同じように「通知カード」か「個人番号カード」を撮影してアップすれば登録可能です。

このマイナンバーカード、または通知カードに加えて、本人確認書類として顔写真があるものは1点、顔写真がないものは2点提出します。

・運転免許証　・住民票の写し　・印鑑登録証明書
・各種健康保険証　・パスポート　・在留カード
・特別永住者証明書　・住民基本台帳カード

スマホでこれらの写真を撮り、アップロードすれば手続きは終わり。認証されれば、ログインに必要な情報が記載された書類が数日で届き、口座開設完了です。

いまは楽天証券を例に説明しましたが、順番などに違いはあるものの、ほかの証券会社も必要な手続きは、

- **個人情報の入力**
- **重要書類への同意**
- **本人確認書類のアップロード**

でほぼ共通しています。

投資を始めるとき、一番の心理的なハードルになっているのが口座の開設かもしれません。しかし、やってみると意外なほど簡単。インターネットでの申し込みなら、15分ほどあればできてしまいます。

また、インターネットでの申し込みより開設までに時間がかかりますが、ネット証券を含めてどの証券会社・銀行でも郵送での口座開設を受け付けています。

口座開設のポイント

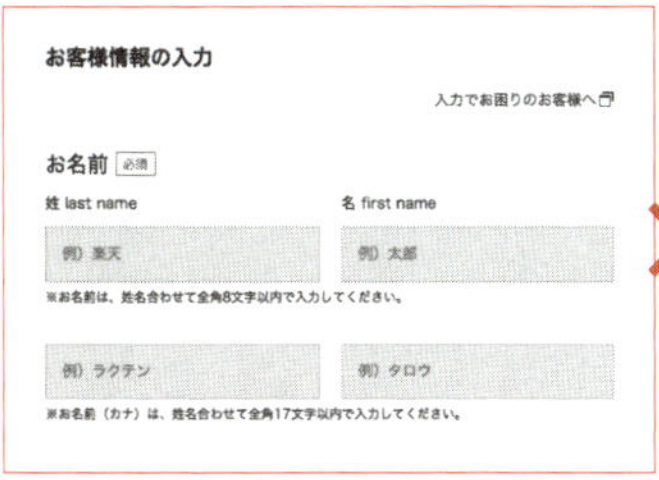

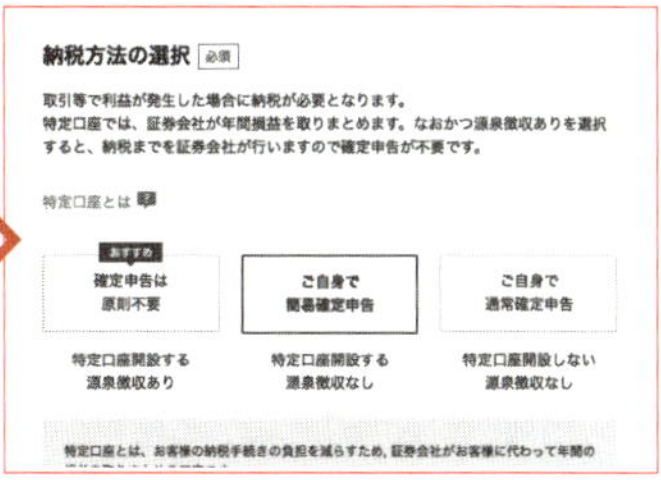

❶ 個人情報を入力する

名前、住所、電話番号、メールアドレスなどの個人情報を入力する。漏れがあると先の画面に進めないので、すべての欄に入力。

❷ 納税方法を選ぶ

「特定口座」か「一般口座」かを選択。「特定口座」を選ぶと、年間の売買履歴・損益をまとめた「年間取引報告書」を証券会社が作成してくれる。また、「源泉徴収あり」にすると、証券会社が源泉徴収し、税務署に納付する。「特定口座 源泉徴収なし」がおすすめ。

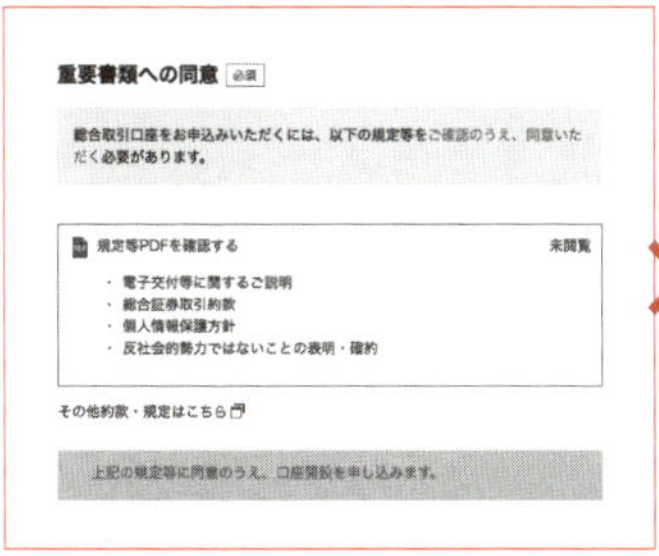

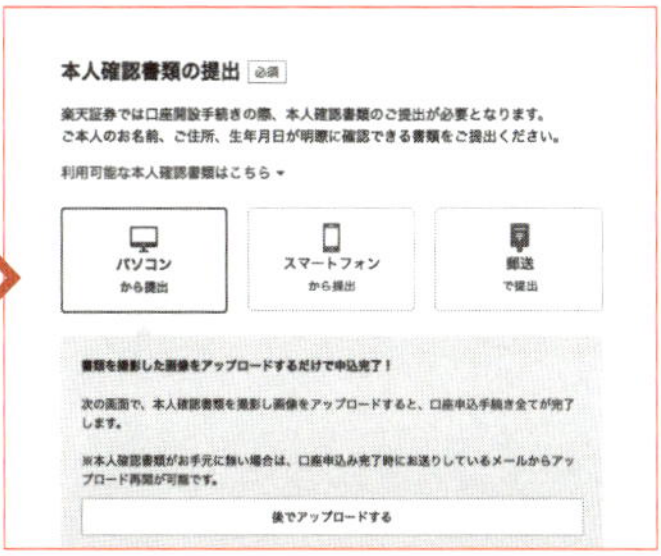

❸ 重要書類を確認する

「総合証券取引約款」「個人情報保護方針」などの書類を確認する。書類の内容に同意した上でないと、口座を開設することができない。

❹ 本人確認書類を送る

運転免許証、住民票の写し、印鑑登録証明書などの本人確認書類をスマホで写真に撮り、アップロードする。

※画面はすべて楽天証券HP（2019年3月時点）より。

口座さえつくっておけば、いつでも投資信託で投資を始めることができます。

いますぐ始めるつもりがなくても、とりあえず口座を開いておく。そして、投資へのマインドが高まったり、ほしい投資信託が見つかったりしたら、すぐに始める。そんなスタンスでいいと思います。

口座開設は無料でできますので、まず口座をつくる。それが、投資への距離を縮める近道です。

ポイント

- **口座開設はインターネットでできる。**
- **口座は特定口座、源泉徴収はなし、が基本。**
- **口座をつくっておけば、いつでも投資が始められる。**

投資信託選びでは「パフォーマンス」と「安定性」が重要

口座を開設したら、次のステップは「③投資信託を選ぶ」です。

各証券会社・銀行のＨＰで「投資信託」のページにいくと、その証券会社・銀行が取り扱っている投資信託を見ることができます。口座を開いた証券会社・銀行の「投資信託」ページを開いてみましょう。

通常の証券会社でも数百本、ネット証券だと１０００本、２０００本、またはそれ以上といった数の投資信託を扱っています。これを全部見ていったら、キリがありません。キーワードで検索をかけるのが近道です。

先ほどと同じように、楽天証券のＨＰを例に見てみましょう。

楽天証券「投資信託」ページの通常モードの中ほどにある「キーワードから探す」をクリックすると、検索画面に飛びます。たとえばここに「国内　インデックス」と入れて検索すると、国内インデックス型投資信託のリストが表示されます。

リストの「基本情報」タグで表示される表の項目に「委託会社」とありますが、これは投資信託を運用する運用会社のこと。「基準価額」は、第4章で説明したように投資信託の価格です。「純資産」は、純資産総額。この数字が大きいほど規模が大きい投資信託です。

また、「積立」の欄があります。この欄にマル（〇）がついているのは、積立方式で買うことができる投資信託。この本でご紹介している10年投資では、毎月の積立で投資信託を買っていき資産をつくります。ここにマルがついている投資信託は、その形で投資できる商品です。

「手数料等」タグは各投資信託の手数料の情報。「運用実績」タグには各投資信託の成績が出ています。「運用実績」の中の「騰落率」は、一定期間でどれだけ基準価額が上がったか（下がったか）をパーセントで示すもの。「1年」のところに「3・00」とあれば、過去1年間で基準価額が3％上昇したことを示します。

「運用実績」に「シャープレシオ」とありますが、これはノーベル経済学賞を受賞した米国の経済学者、ウィリアム・シャープが考案した指標。リスクとリターンの関係から計算するもので、この値が大きいほどより少ないリスクでリターンをあげたことになります。逆に、基準価額が大きく上昇していても、この値が小さいと大きなリスクでリターンをあげたことに。投資信託の安定性を見るものとして、参考にしてください。

リストで投資信託の名前をクリックすると、さらに詳細な情報を見ることができます。ここで重要なのが「目論見書」のＰＤＦです。

目論見書は、投資信託の説明書に当たる書類。投資判断のために必要な重要事項が記されており、購入前に必ず投資家に渡すことが法律で定められています。

投資信託の目的をはじめ、運用実績、分配方針、手数料、資産の状況などが載っており、投資信託の概要をつかむことができます。必ず目を通すようにしましょう。

また、「運用報告書」は投資信託の決算期ごとに作成することが法律で義務づけられている書類。当該期の運用状況が細かくレポートされています。

そのほか、毎月の運用状況を報告する「月次レポート」を出している投資信託も多くあります。

法律で定められていることもあり、投資信託は多くの情報が開示されています。このようにHP上にアップされているデータ、目論見書、運用報告書、月次レポートのPDFを見れば、かなりの情報を得ることができます。

これまでの運用成績も投資信託のパフォーマンスを表すものとして重要ですが、10年投資でもうひとつ大切になってくるのが安定性です。

投資信託は決してハイリスク・ハイリターンの投資ではありませんが、それでも商品によっては基準価額の変動幅が大きいものもあります。同じ国内株式のインデックス型の中でも違いがあります。

投資信託を選ぶときには、シャープレシオなどを参考にしながら、安定していいパフォーマンスを出していることを意識してみてください。

ポイント

- **証券会社・銀行のＨＰは投資信託の情報が豊富。**
- **投資信託の説明書「目論見書」に必ず目を通す。**
- **パフォーマンスと安定性を意識して、投資信託を選ぶ。**

資金の入金はネットバンキングを活用

投資信託を選んだら、次のステップは「④口座に資金を入金する」「⑤購入する」。口座を開いた証券会社・銀行に投資用の資金を入れ、投資信託を購入します。

資金の入金はＡＴＭからでもできますが、基本的に手数料が無料で、手続きをすると残高に即時に反映されるネットバンキングが便利です。すでにネットバンキングを利用している人も少なくないと思いますが、まだの人は預金口座のある銀行でネットバンキングの申し込みをしておきましょう。

ネットバンキングの申し込みを終えたら、口座を開いた証券会社・銀行のサイトで入金の手続きをします。

証券会社・銀行のサイトには、資金の出し入れ、銀行口座への資金の振り替えを行うためのページがあります。

例としている楽天証券の場合、ログインしたあとに表示される画面のメニューに「入出金・振替」の項目があります。これを選択すると「入出金・振替」ページに飛びますので、振込元の金融機関と入金額を指定すれば、入金手続きは完了です。

これで投資信託を購入する準備が整いました。

「③投資信託を選ぶ」で選んだ投資信託の商品ページを開きましょう。

商品ページには、「通常の注文（口数買付）」「積立注文」といった注文ボタンがあります。

購入時に提示されている価格は基準価額の1万口あたりの金額が通常です。基準価額が1万2000円の投資信託の場合、1万口の購入なら1万2000円、2万口を購入なら2万4000円を払います。

一方、積立注文は決まった額の積立で投資信託を購入するもの。「5000円　毎月1日」といったように積立金額、積立日を指定して注文します。最初に設定を行えば、以降は自動的に積立ができます。もちろん、積立金額も積立日も途中で変更が可能。余裕が出てきたら、積立金額を増やしていきましょう。お話ししてきた10年投資では、こちらの積立注文を使います。

また、のちほど説明する「つみたてＮＩＳＡ」を利用するときも、このときにつみたてＮＩＳＡでの積立注文を選択します。

あとは目論見書に目を通し、内容を承諾して同意した旨、チェックボックスにチェックを入れたら、手続きは終わり。投資信託への投資の始まりです。

ポイント

- **投資資金の入金は基本的に手数料無料、即座に口座に反映されるネットバンキングが便利。**
- **注文方法で「積立注文」を選択する。**

つみたてＮＩＳＡは「長期・積立・分散」向き

日本では通常、投資の利益に対して所得税・住民税・復興特別所得税合わせて20・315％の税金がかかります。

しかしいま、個人の投資をうながすために税制優遇制度がいくつか設けられています。そのひとつが「つみたてＮＩＳＡ」です。

つみたてＮＩＳＡは、少額からの長期・積立・分散投資を支援するための積立型の少額投資非課税制度。長期の分散・積立投資に適するような条件を満たした投資信託とＥＴＦ（上場投資信託）への投資に限り、売却益と分配金が非課税になります。この本でご紹介してきた投資信託の積立投資にぴったりの制度です。

その他に「一般ＮＩＳＡ」がありますが、その積立投資版といっていいでしょう。

投資というとつい利益にばかり目がいきがちですが、20・315％の税金がかからないというのは、投資効率上大きなことです。

たとえば、投資信託の運用で30万円の利益が出たとします。通常だと、30万円×20・315％＝6万945円の税金がかかることになり、手元には14万円弱しか残りません。しかし、つみたてNISAを活用すれば30万円の利益が丸々手元に残ることになります。

つみたてNISAは積立投資に有利な制度ですが、いくつか制限があります。延長も検討されていますが、現在のところ、つみたてNISAで積み立てできる期間は2037年まで。そして、非課税となる期間は投資をした年から最長20年間と定められています。2037年に購入した投資信託の分は2056年まで保有でき、売却してもその利益は非課税です。

投資額の上限も決まっており、年間40万円、累計では800万円。毎月同じ額を積

み立てる場合、

40万円÷12カ月＝３万３３３３円

ですので、この額がひと月の上限ということになります。

つみたてＮＩＳＡは、少額からの長期・積立・分散投資を国が支援する制度。つみたてＮＩＳＡで購入できる投資信託は、購入時手数料はゼロ、信託報酬は一定水準以下など、長期の積立・分散投資に適する条件を満たし、金融庁に届けられた投資信託だけになっています。その数は、２０１８年10月31日現在でＥＴＦも合わせて１６２本です。

つみたてＮＩＳＡの対象になっている投資信託は、サイトの商品ページに「つみたてＮＩＳＡ」の表示や「つみたてＮＩＳＡ 積立注文」といった注文用のボタンがあります。こうした表示やボタンがない投資信託はつみたてＮＩＳＡができないので注意してください。

つみたてＮＩＳＡを利用するには、まず証券会社・銀行で口座を開設するときに、通常の口座のほかにつみたてＮＩＳＡ口座も開設するようにします。すでに口座をもっている方は、追加でつみたてＮＩＳＡ口座を開きましょう。ただし、従来の「一般ＮＩＳＡ」の口座との併用はできないので、どちらかひとつを選ばなくてはいけません。

そして、注文を出すときに通常注文（口数買付）や積立注文ではなく、つみたてＮＩＳＡの積立注文を選ぶようにします。

つみたてＮＩＳＡで気をつけたいのは、スイッチング（運用商品の預け替え）ができないこと。

たとえば、Ａという投資信託を毎月1万円ずつ積立で買い、基準価額の上昇分も含めて5年後に70万円の資産になったとします。そして、Ｂという有望な投資信託が新たにつみたてＮＩＳＡで買えるようになったため、ＡからＢに乗り換えるとします。

このとき、税制優遇があるためＡを売った売却益には税金がかかりません。しかし、年間40万円という上限があるため、70万円分のＢを一度に買うことはできません。1年の間に積み立てで40万円分を買い、次の年に30万円分を買い足していくことになります。

ただ、この本でおすすめしている投資はほったらかしの長期保有が基本です。スイッチングのことは特に考えなくてもかまいません。

つみたてＮＩＳＡは口座開設の手数料、口座管理の手数料がかかりませんし、いざというときには購入した投資信託をいつでも売却・現金化して引き出すことができます。つみたてＮＩＳＡを使わない場合と比べ、デメリットはあまりありません。

最初からつみたてＮＩＳＡの対象から投資信託を探し、税制優遇を受けるようにするのが10年投資のひとつの方法です。

ポイント

- **つみたてNISAは、少額からの長期・積立・分散投資を支援する国の制度。**
- **つみたてNISAを利用すれば、非課税期間内なら投資で得られた利益に税金がかからない。**

iDeCoは「拠出・運用・受け取り」で税が優遇される

つみたてNISAのほかにも10年投資に向いた税制優遇制度があります。「iDeCo（イデコ、個人型確定拠出年金）」です。

いま、公的年金は支給開始年齢の引き上げや、支給額の減額が検討されるなど、将来の生活を支えるにあたり十分に用意されているとはいえない状況です。そこで、公的年金を補うために個人で年金を準備する必要があります。そのため、税制上の優遇が受けられる制度の利用がすすめられています。

それがiDeCo（個人型確定拠出年金）です。iDeCoでは積立で投資信託を買ってもその資金は投資資金とはいわず、掛け金と呼びます。つみたてNISAもNISA専用の口座で取引しますが、iDeCoも専用の口座が必要。証券会社の口座とは別にｉＤｅＣｏ口座をつくり、掛け金を積み立てます。
ｉＤｅＣｏの最大の特長は、掛け金が所得控除の対象となって「所得税」と「住民税」が軽減されること。
たとえば、年収３００万円の会社員が毎月１万５０００円を掛け金として積み立てていった場合、所得税と住民税を合わせ、１年で２万７０００円の節税効果があります。かけている間はずっと所得控除が受けられますので、単純計算で20年ｉＤｅＣｏを続ければそれだけで54万円の節税に。年収と掛け金が増えれば、もっとその節税額は増えていきます。

ｉＤｅＣｏでは、積み立てている投資信託で分配金が出ても、その分は再投資されることになっています。分配金には課税されません。

また、つみたてＮＩＳＡと違ってスイッチングでき、Ａという投資信託を売却しても現金としては受け取れず、Ｂの投資信託の購入資金にそのまま充てられることになっています。

積み立てた資金は60歳以降に年金か一時金の形で受け取ることになりますが、年金で受け取る場合は「公的年金等控除」、一時金で受け取る場合は「退職所得控除」の対象となります。一定額内であれば非課税です。ｉＤｅＣｏは掛け金を拠出するときにも、運用するときにも、受け取るときにも税制の優遇が受けられる制度なのです。

通常の個人年金保険で年金での受け取りを選ぶと、「公的年金等控除」の適用がなく、雑所得の対象になって、所得税がかかることがあります。また、一括受け取りを選ぶと「退職所得控除」の適用がなく、増えた部分はまるまる一時所得の課税対象となります。

ただし、ｉＤｅＣｏも年金受け取りのときは、年金収入と同じ扱いとなるため、金額により所得税と社会保険料がかかる場合もあります。受け取り時には公的年金等と合わせ、計画的に受け取るようにしましょう。

また、ｉＤｅＣｏにもいくつか制限があります。

毎月の掛け金は、最低額が5000円。掛け金の上限も、企業年金に入っていない会社員が2万3000円、自営業者6万8000円、公務員1万2000円、主婦2万3000円など、所属先の年金制度や企業年金、職業によって決められています。

つみたてNISAは20歳以上なら誰でも利用できますが、iDeCoは20歳以上60歳未満が対象と、年齢にも上限があります。

また、60歳以降に年金として受け取ることが前提になっているため、60歳になるまで資金の引き出しができないのは大きなポイントです。

iDeCoは、定期預金や保険といった「元本確保型」と投資信託のような「元本変動型」の商品があり、後者は1社で数十本用意されている状況でしたが、2018年5月の法律の改正により、ひとつの会社で運用できる商品数の上限が35本になりました。選択肢は少ないですが、厳選されたものが揃っているという側面もあります。

所得・住民税が軽減されると、その分を貯金やそのほかの投資に回せるようになるため資産づくりには有利です。60歳まで毎年所得・住民税が軽減されれば、その効果は小さくありません。またiDeCoは利益が再投資されるため、運用する時間が長くなるほど複利の効果も期待できます。

途中で資金の引き出しができないので万一のときの分も含めて貯金がしっかりあることが前提ですが、特に60歳までに時間がある方はiDeCoでの投資信託積立はおすすめです。

ポイント

- **iDeCoは掛け金が所得控除の対象となるため、「所得税」と「住民税」が軽減される。**
- **60歳になるまで資金の引き出しができないため、万一のときの分も含めて貯金をしっかりしてから始める。**

おわりに

最後までお読みいただき、ありがとうございました。

さて、いかがでしょう。今日にでも10年投資を始めたくなってもらえましたか。

この本をきっかけにして、安定した資産づくりのお手伝いができればこんなにうれしいことはありません。


この本を通じてお伝えしたかったのは、大枠でもよいので投資について知り、「投資は怖い」という先入観を払拭しましょう。そして時間を味方にして少ない金額からでもとにかく始めてみましょう、続けることが何よりも大切です、ということ。

そして、10年間の投資がクリアできたら、ぜひ20年と続けていってください。本書にも書いたように、複利効果が大きく得られてあなたの資産づくりに大いに役立ってくれるはずです。

資産づくりだけが目的ではなく、増えた資産によってみなさんそれぞれの夢や目標が叶えられますように。

2019年3月

家計再生コンサルタント　横山光昭

横山光昭（よこやま　みつあき）
家計再生コンサルタント、ファイナンシャル・プランナー。株式会社マイエフピー代表取締役社長。家計の借金・ローンを中心に、盲点を探りながら抜本的解決、確実な再生を目指している。個別の相談・指導では独自の貯金プログラムを活かし、リバウンドのない再生と飛躍を実現し、これまで1万5000人以上の家計を再生した。各種メディアへの執筆・講演も多数。著書に『年収200万円からの貯金生活宣言』（ディスカヴァー・トゥエンティワン）や『はじめての人のための3000円投資生活』（アスコム）など。

公式サイト　https://myfp.jp
公式ブログ　https://ameblo.jp/myfpyokoyama

お金《かね》持《も》ちになった人《ひと》の10年投資《ねんとうし》をマネしたら、
資産《しさん》が3倍《ばい》になりました！

2019年３月28日　初版発行

著者／横山《よこやま》 光昭《みつあき》

発行者／川金 正法

発行／株式会社KADOKAWA
〒102-8177　東京都千代田区富士見2-13-3
電話 0570-002-301（ナビダイヤル）

印刷所／大日本印刷株式会社

ISBN 978-4-04-896476-0　C0030